基本から本格的に学ぶ人のための
ファイナンス入門
理論のエッセンスを正確に理解する　手嶋宣之
Nobuyuki Teshima

Basic
Theory
of
Finance

ダイヤモンド社

はしがき

「むずかしいことをやさしく，やさしいことをふかく，ふかいことをおもしろく」

故井上ひさし氏の作家としての心構えであったというこの言葉は，本書が目指していることをぴたりと言い当てている。これまでにも，「むずかしい」とされるファイナンスを「やさしく」説明する趣旨で書かれた本はたくさんあるが，この「やさしく」は「数学を使わずに」という意味で使われることが多い。一方で，ファイナンスを「ふかく」説明しようとするあまり，持ち運ぶのに苦労するほど分厚い本になることもある。

筆者の経験からいうと，数学を使って地道に学習した方がファイナンスは「やさしく」なる。また，内容をたくさん詰め込むよりも，本質的な部分に絞って学んだ方が「ふかく」学習できる。さらに，「やさしく」「ふかい」学習は，ファイナンスを「おもしろく」感じることにつながる。本書は，このようなコンセプトのもとに作られたファイナンスの入門書である。

数学を使うとファイナンスが「やさしく」なる理由は，数学がファイナンス理論の随所に共通する基本であるため，いったんこれを身につければドミノ倒しのような学習効果が得られるからである。できるだけ数学を避けるような学習方法や，パソコンに入力して結果だけを出すという学習方法では，この基本が習得できないので，次のステップに進むときに関連性が感じられず，「むずかしい」と感じることになる。

また，本質的な部分に絞ることが「ふかく」理解することにつながる理由は，間口を広げすぎると穴を「ふかく」掘ることができないからである。たとえば，企業の設備投資に関する意思決定を学習するときに，意思決定のツールをいくつも取り上げて，その長所や短所を議論することがある。初学者がこのような議論に引きずられると，ツールの比較に

ばかり詳しくなって，意思決定の目的という本質から外れてしまうことが少なくない。このため本書では，ファイナンスを体系的に理解するための本質的な部分に内容を絞り，それを掘り下げていくというアプローチを採用した。

ただし，その裏返しとして，ファイナンスの文献に通常出てくるようなトピックスが本書では割愛されていることもある。このようなトピックスについては，各章の最後に「本章に関連する発展的なトピックス」という欄を設けて項目を列挙しておいたので，今後の学習の参考にしてもらいたい。なお，デリバティブの理論は，ファイナンスの中でも独立性が強く，本書が目指す本質的な部分とは系統が異なるため，あえて省かれていることもお断りしておきたい。

本書は2部で構成されている。

第1部「評価の理論」は，現在価値や将来価値というファイナンス理論の入り口からスタートして，企業価値の評価というゴールへ向かって突き進む。ファイナンス理論を初めて学ぶ人や，分厚い本を読んで途中で挫折した経験がある人でも，第1部を読めば，ファイナンス理論の全体的なイメージをつかむことができるだろう。なお，数学的な理論は主に第2部に回すが，第1部の後半では，財務諸表の概念を用いた記述が多くなる。この点に難を感じる読者には，基本的な知識を他の書物などで補うことをおすすめする。反対に，財務諸表の知識がある読者にとっては，多少説明がくどくなることをご容赦いただきたい。

第2部「リスクとリターンの理論」は，第1部で後回しにした数学的な理論を掘り下げる。ここで使うのは，数列，微分，確率といった高校レベルの数学である。初めて学ぶ人にも無理のないように，できるだけ丁寧な説明を心がけたので，数学を苦手とする人も先入観を持たずに読んでほしい。しばらく数学から離れていた人にとっては，具体的なファイナンスの問題を解きながら，数学を学びなおす機会ともなるだろう。この第2部の理論によって第1部の学習が肉づけされれば，将来にわたって通用するファイナンスの基盤が完成する。

本書の学習法として，初学者もしくはそれに準ずる読者には，第1部

から通読することをおすすめする。また，ファイナンスをひととおり学んだことのある人が，知識を整理・確認する場合には，現在価値（1，2，8章），債券（3，9，10章），株式（4，11，12，13章），企業価値（5，6，7章）というように，第1部と第2部を横断してテーマごとに読むことも可能であろう。

　本書の執筆にあたっては，気鋭の研究者である首藤昭信先生（東京大学）と岩崎拓也先生（関西大学）から有益な示唆をいただいた。また，マサチューセッツ工科大学大学院の同窓生である片山拓史氏（元三菱ＵＦＪモルガン・スタンレー証券）には，理数系出身の実務家という視点から原稿に目を通していただいた。各氏の貴重なコメントに感謝する。ダイヤモンド社の岩佐文夫氏には，快く出版を引き受けていただいたことを感謝する。

　最後に，まったく予備知識のない読者の代表として，原稿を手分けして読んでくれた家族に感謝する。

2011年6月

手嶋宣之

【ファイナンス入門──目次】

はしがき

第1部 評価の理論

第1章
キャッシュフローの現在価値と将来価値　3

- 1.1　現在価値と将来価値 ……… 3
- 1.2　年金の現在価値と将来価値 ……… 6
- 1.3　永久年金の現在価値 ……… 8

第2章
評価の基本原理　15

第3章
債券の評価　21

- 3.1　国債の評価 ……… 21
- 3.2　スポットレート ……… 24
- 3.3　債券の利回り ……… 27
- 3.4　社債の評価 ……… 28

第4章 株式の評価

- 4.1 株式がもたらすキャッシュフロー ……… 33
- 4.2 株式の要求収益率 ……… 34
- 4.3 配当が成長する株式の評価 ……… 37
- 4.4 成長機会と株価の関係 ……… 39

第5章 企業価値の評価

- 5.1 負債と株主資本の合計による評価 ……… 43
- 5.2 加重平均資本コストによる評価 ……… 45
- 5.3 フリーキャッシュフローの予測 ……… 52

第6章 企業の設備投資決定

- 6.1 企業の経営目標と設備投資決定 ……… 61
- 6.2 設備投資決定の具体例 ……… 63

第7章 企業の資本構成と企業価値

- 7.1 資本構成とは ……… 69
- 7.2 法人税がない場合の資本構成と企業価値 ……… 70
- 7.3 法人税がある場合の資本構成と企業価値 ……… 75
- 7.4 トレードオフ理論による最適な資本構成 ……… 80
- 7.5 資本構成の変更と株主の富 ……… 82
- 7.6 D/Eレシオの変更と資本コスト ……… 84
- 7.7 株主配分と企業価値 ……… 87

第2部 リスクとリターンの理論

第8章 数列とその和

8.1 第2部のねらい……… 95
8.2 等比数列とその和……… 96
8.3 Σ(シグマ)の使い方……… 98

第9章 微分の基礎知識

9.1 微分の意味……… 103
9.2 微分の利用法……… 107
9.3 微分の計算規則……… 110

第10章 債券投資の理論

10.1 債券投資の金利リスク……… 113
10.2 金額デュレーション……… 115
10.3 金融機関のリスク管理への応用……… 117
10.4 修正デュレーション……… 121
10.5 債券の長期運用に対する金利変動の影響……… 124
10.6 マコーレーのデュレーション……… 126
10.7 ポートフォリオのデュレーション……… 132
10.8 ポートフォリオによるイミュニゼーション……… 134

第11章
確率変数の基礎知識

11.1 確率変数と確率分布 ……… 143
11.2 期待値 ……… 145
11.3 分散と標準偏差 ……… 146
11.4 2つの確率変数の関係 ……… 150

第12章
ポートフォリオ理論

12.1 確率変数の加重和 ……… 159
12.2 2つの証券で作るポートフォリオ ……… 165
12.3 3つ以上の証券で作るポートフォリオ ……… 173
12.4 安全資産と借り入れが存在する場合 ……… 178

第13章
資本資産評価モデル

13.1 ポートフォリオ理論からの展開 ……… 189
13.2 資本市場線と市場ポートフォリオ ……… 190
13.3 資本資産評価モデル ……… 193
13.4 ベータ値の推計 ……… 199
13.5 投資のパフォーマンス評価への応用 ……… 203

確認問題の解答 ……… 211

巻末付録 ……… 227
　　現価係数表
　　終価係数表
　　年金現価係数表
　　年金終価係数表

索引 ……… 236

第1部

評価の理論

第1章
キャッシュフローの現在価値と将来価値

1.1 現在価値と将来価値

　ファイナンス理論の主要な目的のひとつは，将来においてキャッシュフロー（現金収入）をもたらす物件の価値を評価する（価格をつける）ことである。つまり，そのような投資物件に対して，今，いくら出す価値があるのかを求めることである。

　たとえば，10年物利付国債というのは，定期的に利息を受け取り，10年後に元本を受け取るという物件である。この場合，利息と元本が将来のキャッシュフローである。ファイナンスの理論によって評価する物件はこのほかにも多々あるが，すべての物件に共通する評価の基本原理が存在する。この原理とは，将来受け取るキャッシュフローを，適切な金利を使って割り引いて評価するというものであり，詳しくは次の第2章で説明される。

　このような評価方法の背景には，同じ金額でも手に入る時点が異なれば投資家にとっての価値が異なるという考えがある。たとえば，宝くじを買ったら100万円が当選したとしよう。この当選券を100万円に換金しようと思って銀行に行ったところ，銀行の窓口で「宝くじの裏面に書いてありますように，当選金のお支払いは3年後の今日になります」と

言われたら，どう感じるだろうか。当然がっかりするであろう。がっかりする理由は，今すぐ手に入る100万円と3年後にもらえる100万円では価値が異なり，一般に後者の方が価値が小さいからである。

それでは，3年後の100万円は，今の100万円と比べるといったいどれだけ価値が小さいのだろうか。この問題を解くカギは金利にある。銀行預金をはじめとする世の中の金利が年率5%であるとしよう。すると，今100万円があるとしてこれを使わずに預金すれば，1年後には5%増えて $100 \times 1.05 = 105$ 万円になる。もう1年預金すれば2年後には，$105 \times 1.05 = 110.25$ 万円になり，さらにもう1年預金すると3年後には，$110.25 \times 1.05 = 115.7625$ 万円になる。このように，今100万円をもらえたとしたら，3年後には115.7625万円にすることができる[1]。3年後に100万円もらうのと比べると15.7625万円だけ大きな価値になるのである。

このように，ある金利のもとで今の金額が1年後，2年後，3年後……という将来にいくらになっているかを**将来価値**（Future Value）と呼ぶ。上の例でいえば，金利が5%のとき，今の100万円の3年後の将来価値は115.7625万円である。将来価値は，金利と年数が与えられれば次の式によって求めることができる。

$$将来価値 = 今の金額 \times (1+r)^n \qquad (1\text{-}1)$$

ここで r は金利（小数表示，5%であれば0.05），n は年数である。この式によって，現在のある金額について，金利が r のときの n 年後の将来価値を求めることができる。

次に，3年後にもらう100万円というのは，今の金額にするといくらに相当するのかを考えてみよう。金利が5%のとき，今の金額を仮に P 円とおくと，3年後の将来価値は $P \times (1+0.05)^3$ 円になる。この値が100万円になるような P 円がまさに求める値である。そこで，$P \times (1+0.05)^3 = 100$（万円）を解くと，

$$P = \frac{100}{(1.05)^3}$$
$$= 86.38 \, (万円)$$

となり，金利が5%のとき，3年後に100万円がもらえるという当選券の今の価値は86.38万円になる。

このように，ある将来の時点（n年後）にやり取りする金額を今の価値で表したものを**現在価値**（Present Value）と呼ぶ。上の例では，金利が5%のとき，3年後の100万円の現在価値は86.38万円である。現在価値は，金利と年数が与えられれば，次の式によって求めることができる。

$$現在価値 = \frac{将来の金額}{(1+r)^n} \qquad (1\text{-}2)$$

さて，(1-1)式でみたように，現在のある金額について，ある将来時点での価値を求めるためには$(1+r)^n$をかければよい。$(1+r)^n$は将来時点，すなわち運用の終了時点での価値を求めるためにかける値なので，これを**終価係数**と呼ぶ。さまざまなr（金利）とn（年数）について求めた終価係数を表にしておくと便利である。

本書の巻末には，このような終価係数表が掲載されている。この表では，1%（最左列）から15%（最右列）までの各金利について，30年までの各年数に対応する終価係数が示されている。$r = 0.05$（5%），$n = 3$のとき終価係数は1.1576であるから，現在の金額に1.1576をかければ，金利5%のときの3年後の将来価値が求められる。金利が4%であれば，終価係数表の4%の列にある1.1249をかければ3年後の将来価値が求められる。

同じようにして，(1-2)式をみれば，ある将来時点（n年後）の金額について，その現在価値を求めるためには，$\frac{1}{(1+r)^n}$をかければよい。現在価値を求めるためにかける値$\frac{1}{(1+r)^n}$は**現価係数**と呼ばれる。さ

まざまな r（金利）と n（年数）について現価係数を表にまとめたものが現価係数表である。

この現価係数表も本書の巻末に掲載されており，使い方は終価係数表と同じである。たとえば，金利が5%のときに，3年後にやり取りする金額の現在価値を求めるためには，0.8638をかければよい。金利が4%であれば，4%の列にある0.8890をかければ，3年後にやり取りする金額の現在価値が求められる。

1.2　年金の現在価値と将来価値

キャッシュフローが複数年に及ぶ場合は，1年ごとのキャッシュフローの現在価値を合計したものが，キャッシュフロー全体の現在価値となる。たとえば，宝くじの当選金100万円が1年後の60万円と2年後の40万円に分割して支払われる場合，金利が5%であれば，キャッシュフロー全体の現在価値 P は，

$$P = \frac{60}{1.05} + \frac{40}{(1.05)^2}$$
$$= 57.14 + 36.28$$
$$= 93.42 \text{（万円）}$$

となる。

次に，複数年にわたって1年ごとに同じ金額を受け取るというキャッシュフローの現在価値を求めてみよう。ファイナンスでは，このような一連のキャッシュフローのことを**年金**と呼ぶ[2]。たとえば，金利が5%のとき，1年後に30万円，2年後に30万円，3年後に30万円を受け取るという年金の現在価値 P は次のようになる。

$$P = \frac{30}{1.05} + \frac{30}{(1.05)^2} + \frac{30}{(1.05)^3}$$
$$= 30 \times \left\{ \frac{1}{1.05} + \frac{1}{(1.05)^2} + \frac{1}{(1.05)^3} \right\}$$
$$= 30 \times 2.7232$$
$$= 81.70 \,(万円)$$

　上の計算過程の2行目のカッコの中とその計算結果である2.7232という値は，5%の金利のもとで受け渡しが3年間に及ぶという条件によって決まっており，同じ条件の年金であれば金額が30万円でなくても使える。このことを利用すると，1年後に50万円，2年後に50万円，3年後に50万円を受け取る年金の現在価値は，$50 \times 2.7232 = 136.16$万円と簡単に計算することができる。そこで，このカッコの中の値を，さまざまなr（金利）とn（年数）について計算して表にしておくと便利である。この値を1回分の金額にかければ，金利がrのときにその金額をn年間にわたって受け取る年金の現在価値を求めることができる。これを**年金現価係数**と呼び，この係数を一覧表にした年金現価係数表も本書の巻末に掲載されている。

　年金については，期間終了時の将来価値を考えることもできる。たとえば，金利が5%のとき，1年後に30万円，2年後に30万円，3年後に30万円を受け取るというキャッシュフローは，期間終了時の3年後にはいくらの価値があるだろうか。この場合も1回分ずつが3年後にいくらになっているかを求めて，それを合計すれば3年後の将来価値Fが得られる。

$$F = 30 \times (1.05)^2 + 30 \times (1.05) + 30$$
$$= 30 \times \{(1.05)^2 + (1.05) + 1\}$$
$$= 30 \times 3.1525$$
$$= 94.58 \,(万円)$$

ここでもまた，計算過程の2行目のカッコの中とその計算結果である3.1525という値は，5％の金利のもとで受け渡しが3年間に及ぶという条件によって決まっており，同じ条件の年金であれば金額が30万円でなくても使える。このことを利用すると，1年後に50万円，2年後に50万円，3年後に50万円を受け取る年金の期間終了時（3年後）の将来価値は，50×3.1525＝157.63万円と簡単に計算することができる。このカッコの中の値を**年金終価係数**と呼び，これを一覧表にした年金終価係数表も巻末に掲載されている。この係数を1回分の金額にかければ，さまざまな年金の期間終了時の将来価値を求めることができる。

なお，年金現価係数表と年金終価係数表は，一連のキャッシュフローが1年後から始まることを前提にして作られていることに注意しておこう[3]。

1.3 永久年金の現在価値

今度は，1年ごとに同じ金額を永久に受け取り続けるというキャッシュフロー（永久年金）の現在価値を考えてみよう。永久にお金のやり取りが発生するという想定は奇異に感じられるかもしれない。しかし，たとえば株式の配当は，支払いが終了する期限がないので，永久に支払われるものと想定するのが自然である。1年後から始めて毎年永久に C 円を受け取るという永久年金の現在価値 P は，金利を r とすると次の式で表される。

$$P = \frac{C}{1+r} + \frac{C}{(1+r)^2} + \frac{C}{(1+r)^3} + \cdots + \frac{C}{(1+r)^n} + \cdots \quad \text{(1-3)}$$

これは無限に続く式であるが，少し工夫すれば非常に簡単になる[4]。まず，この式の右辺は，第1項に $\frac{1}{1+r}$ をかけると第2項になり，第2

項に $\frac{1}{1+r}$ をかけると第3項になるというように，同じ $\frac{1}{1+r}$ を順にかけていったものの総和になっていることに注目しよう。そこで，(1-3)式の両辺にこの $\frac{1}{1+r}$ をかけると次の(1-4)式ができる。

$$\frac{1}{1+r}P = \frac{C}{(1+r)^2} + \frac{C}{(1+r)^3} + \cdots + \frac{C}{(1+r)^n} + \cdots \quad (1\text{-}4)$$

(1-4)式の右辺の第1項は(1-3)式の第2項となっており，以下同様に(1-4)式の $(n-1)$ 番目の項は(1-3)式の n 番目の項と同じである。同じものが永久に続いていくのだから，結局，(1-4)式の右辺は，(1-3)式の右辺の第2項以下と全く同一である。そこで左辺と右辺の双方について(1-3)式から(1-4)式を引くと，次のようになる。

$$P - \frac{1}{1+r}P = \frac{C}{1+r}$$

この式を，求めようとしている年金の現在価値 P について整理すると，

$$P\left(1 - \frac{1}{1+r}\right) = \frac{C}{1+r}$$

$$P\left(\frac{1+r-1}{1+r}\right) = \frac{C}{1+r}$$

$$P\left(\frac{r}{1+r}\right) = \frac{C}{1+r}$$

$$P \cdot r = C$$

$$P = \frac{C}{r} \quad (1\text{-}5)$$

となる。

たとえば,金利が5%のとき,1年後から始まって毎年1万円を永久に受け取るという永久年金の現在価値は,

$$\frac{1}{0.05} = 20 \text{ (万円)}$$

となる。

最後に,毎年一定の率で金額が増えていく永久年金の現在価値を考えてみよう。例を挙げると,1年後の受け取りは10,000円だが,2年後は2%増えて10,000×1.02 = 10,200円,3年後にはまた2%増えて10,200×1.02 = 10,404円というように,毎年の受け取りが一定の率で増加する年金である。1年後の初回の受け取り金額をC円とし,金額の成長率をgと表記しよう(gは小数表示,成長率が2%であれば0.02)。このとき,一連のキャッシュフローは次のように表される。

1年後	2年後	3年後	4年後		n年後	
C	$(1+g)C$	$(1+g)^2 C$	$(1+g)^3 C$	$\cdots$	$(1+g)^{(n-1)}C$	$\cdots$

この永久年金の現在価値Pは,金利をrとすると次のようになる。

$$P = \frac{C}{1+r} + \frac{(1+g)C}{(1+r)^2} + \frac{(1+g)^2 C}{(1+r)^3} + \frac{(1+g)^3 C}{(1+r)^4} + \cdots$$
$$+ \frac{(1+g)^{(n-1)}C}{(1+r)^n} + \cdots \qquad (1\text{-}6)$$

これも無限に続く式であるが,右辺をみると,各項に$\frac{1+g}{1+r}$をかけたものが次の項になっている。そこで,(1-6)式の両辺に$\frac{1+g}{1+r}$をかけ

ると次の式が得られる。

$$\frac{1+g}{1+r}P = \frac{(1+g)C}{(1+r)^2} + \frac{(1+g)^2 C}{(1+r)^3} + \frac{(1+g)^3 C}{(1+r)^4} + \cdots$$
$$+ \frac{(1+g)^{(n-1)}C}{(1+r)^n} + \cdots \qquad (1\text{-}7)$$

(1-7)式の右辺は，(1-6)式の右辺の第2項以下と全く同じである。そこで左辺と右辺の双方について(1-6)式から(1-7)式を引くと，次のようになる[5]。

$$P - \frac{1+g}{1+r}P = \frac{C}{1+r}$$

この式をPについて整理すると，

$$P\left(1 - \frac{1+g}{1+r}\right) = \frac{C}{1+r}$$
$$P\left\{\frac{1+r-(1+g)}{1+r}\right\} = \frac{C}{1+r}$$
$$P\left(\frac{r-g}{1+r}\right) = \frac{C}{1+r}$$
$$P(r-g) = C$$
$$P = \frac{C}{r-g} \qquad (1\text{-}8)$$

となる。

先に挙げた例，すなわち1年後の1万円から始まって，毎年の受け取りが2%ずつ成長していく年金の現在価値は，金利を5%とすると，

$$\frac{1}{0.05-0.02} = 33.33 \,(万円)$$

となる。

(1-8)式は，一定の率で成長を続ける永久年金の現在価値を求める公式であり，**定率成長モデル**と呼ばれる。また，(1-5)式は，金額が成長しない永久年金の現在価値を求める公式なので，**ゼロ成長モデル**と呼ばれる。実際，(1-8)式の中の成長率 g をゼロにすれば(1-5)式になる。

本章でみたように，永久年金を含むさまざまなキャッシュフローについて現在価値を計算することができるが，この計算は，次章以降のすべての理論に共通する基盤となる。

本章に関連する発展的なトピックス

資本回収係数，減債基金係数，半年複利，1ヵ月複利，連続複利

確認問題

宝くじの当選金の受け取り方法として，以下の8つの選択肢があると想定する。それぞれの現在価値を計算して，最も現在価値の高い方法を選びなさい。なお，金利は年率5％で常に一定であると仮定する。

1．今日50万円を受け取る。
2．1年後に55万円を受け取る。
3．2年後に60万円を受け取る。
4．1年後に20万円，2年後に20万円，3年後に20万円という3回に分けて受け取る。
5．今日5万円受け取り，その後も1年ごとに15年後まで（今日を含めると16回）毎年5万円を受け取る。

6．3年後から始めて12年後まで（計10回）毎年8万円を受け取る。
7．1年後に3万円，2年後に3万円……というように，毎年3万円の年金を永久に受け取る。
8．1年後に1万円，2年後にはその3％増し，3年後にはそのまた3％増し……というように，毎年3％ずつ増加する年金を永久に受け取る。

[注]

1．本書の説明は，暗黙的に，すべての資金が1年経過するたびに利息を生む状況（1年複利）を前提としている。
2．ファイナンス用語としての年金（annuity）は，退職者や高齢者が受け取る年金（pension）とは意味が異なる。
3．一連のキャッシュフローが1年後から始まる場合以外でも，これらの係数表を工夫して使用することができる（本章の確認問題の選択肢5と6を参照）。
4．以下の計算については，第8章でより詳しく説明する。
5．このような計算が可能なのは $r > g$ の場合に限られる。この条件が成り立たなければ，成長する年金の現在価値は無限大になるが，無限大の価値を持つ資産は存在しないので，一般に $r > g$ という条件は満たされているといえる。

第2章
評価の基本原理

　ファイナンスの理論を使って評価する物件には，債券，株式，企業などさまざまなものがあるが，これらのすべてに共通するシンプルな評価の基本原理が存在する。本章では，2つの銀行という設定を使って，この評価の基本原理を理解しよう。

　A銀行とB銀行という2つの銀行のどちらかにお金を預けようとしていると想定しよう。どちらの銀行も健全経営で，預金の支払い能力には問題がないが，資金を調達する（お金を預かる）仕組みが異なっている。

　まず，A銀行は通常の預金でお金を集めており，預金金利として年率5％を提示している。

　一方のB銀行は，預金金利を提示するのではなく，1万円，10万円，100万円といった金額が印刷された1年物の証書を発行し，それを店頭で販売している。たとえば，1年後に100万円になるように運用したい人には，額面100万円のB銀行の証書を買ってもらう（図2-1(a)）。証書の購入者は，1年後にそれをB銀行に持っていけば100万円を受け取ることができる。このようなB銀行の証書に対していくらの価格をつければよいだろうか。

　この問題を解くためには，A銀行に預けた場合を考えるとよい。A銀行の預金は，1年間の収益率が5％である（1年間でお金が1.05倍になる）ことがわかっている。A銀行とB銀行は同等な銀行なので，証書を買うという形でB銀行に1年間お金を預ける場合にも，同じ5％の収益率が

図 2-1
B銀行の発行する証書とその将来キャッシュフロー

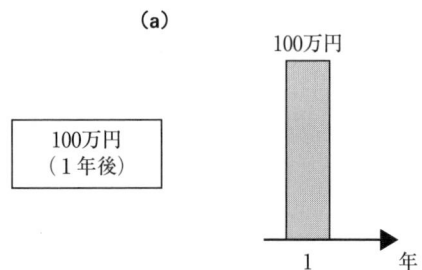

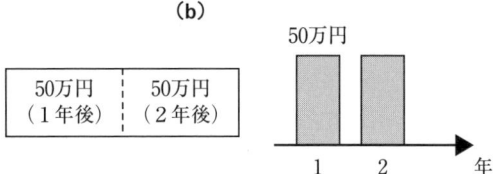

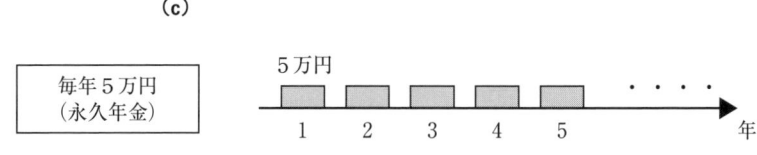

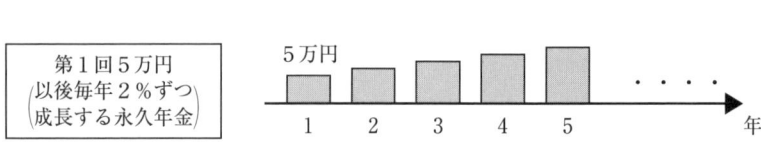

あってしかるべきである。B銀行の100万円の証書を今X円で買うとすると，$X \times 1.05 = 100$（万円）が成り立てば，収益率が5%になる。これをXについて解くと，

$$X = \frac{100}{1.05} = 95.24 \text{（万円）}$$

となる。

　もし，B銀行の証書がこの95.24万円よりも安ければ，A銀行の預金者は預金を解約してB銀行の証書を買おうとするであろう（そうすれば，5%よりも高い収益率が得られる）。この買い圧力を受けて証書の価格が上がる。反対に，B銀行の証書が95.24万円より高ければ，B銀行の証書を現在持っている人はそれを売ってA銀行に預金しなおそうとするであろう（そうすれば，1年後の受け取りは100万円を超える）。この売り圧力を受けて証書の価格が下がる。いずれにしても，B銀行の証書の価格は95.24万円に落ち着くので，これはB銀行の証書の評価額として妥当なものとなる。

　上の計算には，評価の基本原理がすべて含まれている。分子の100（万円）は，B銀行の証書という評価物件が将来にもたらすキャッシュフロー（**将来キャッシュフロー**）である。これを1.05で割るということは，100万円を5%の**割引率**で現在価値にするということであり，5%というのは，他に存在する同等の物件（この場合，A銀行の預金）の収益率である。すなわち，物件の評価とは，評価物件がもたらす将来キャッシュフローを，他に存在する同等の物件の収益率で割り引いて現在価値にすることである[1]。

　上の例からわかるように，他に存在する同等の物件の収益率で割り引くということは，それと同じ収益率を評価物件に対して要求していることにほかならない。そこで，このような収益率を**要求収益率**と呼ぶ。この結果，評価の基本原理は，将来キャッシュフローを要求収益率で割り引くこと，と表現できる。

評価の基本原理に対する理解を深めるために，B銀行の証書を少しずつアレンジしてみよう。まず，A銀行の預金金利は年率5%のままとして，今度はB銀行の証書がミシン目で2つの部分に分かれているとする（図2-1(b)）。1年後に左半分を切り離して持っていくとB銀行は50万円を支払ってくれる。2年後には残った右半分と引き換えに50万円を支払ってくれる。このとき，物件がもたらすキャッシュフローは次のようになる。

1年後	2年後
50万円	50万円

左半分の価値を X_1 とすると，$X_1 \times 1.05 = 50$（万円）であれば，同等の投資機会（A銀行に1年間預けること）と同じ収益率になる。また，右半分は，A銀行に2年間預けることと同等であるから，この価値を X_2 とすると，$X_2 \times (1.05)^2 = 50$（万円）となればよい。証書全体の価値は X_1 と X_2 の和であり，次のようになる。

$$X_1 + X_2 = \frac{50}{1.05} + \frac{50}{(1.05)^2}$$
$$= 47.62 + 45.35$$
$$= 92.97 \text{（万円）}$$

次に，B銀行の証書が永久年金の支払いを約束する場合を考えよう。具体的には，1年後から始めて毎年5万円を永久に支払うという証書をB銀行が発行すると想定する（図2-1(c)）。この場合の証書の価値は，評価の基本原理と第1章で学んだゼロ成長モデル（(1-5)式）を使って，

$$\frac{5}{0.05} = 100 \text{（万円）}$$

となる。

最後に，1年後の5万円から始まり，毎年2％ずつ成長する永久年金を支払うという証書をB銀行が発行するものとしよう（図2-1**(d)**）。評価の基本原理と第1章で学んだ定率成長モデル（(1-8)式）から，この証書の価値は，

$$\frac{5}{0.05-0.02} = 166.67（万円）$$

となる。

本章では，ファイナンス理論における評価の基本原理を学んだ。それは，評価する物件がもたらす将来キャッシュフローを要求収益率で割り引くことである[2]。要求収益率は，他に存在する同等の物件が持つ収益率であり，この基本原理は，投資家がそのような収益率を評価する物件に対して要求する帰結である。次章からは，この基本原理に基づいて，実在するさまざまな投資物件を評価していくことにしよう。

確認問題

図2-1(a)～(d)のB銀行の証書の評価額は，A銀行の預金金利が4％に下がるといくらになるか，あるいは6％に上がるといくらになるか。また，評価額がそのように変化した理由を説明しなさい。

[注]
1. 現在価値の計算に使う金利を一般に割引率という。また，割引率 r を使って将来キャッシュフローの現在価値を求めることを「r で割り引く」と表現する。
2. このような評価方法を一般的に，ディスカウント・キャッシュフロー法（DCF法）と呼ぶ。

第3章 債券の評価

3.1 国債の評価

本章では，評価の基本原理を適用した債券の評価方法を学習する。**債券**は国や企業などが資金調達のために発行する証券であるが，本章では3.4節を除き国債に焦点をあてる。**国債**は徴税権を持つ国（政府）が資金を借り入れるために発行する債券であり，先進国が自国通貨建てで発行する国債は，通常，債務不履行の可能性（信用リスクもしくはデフォルト・リスク）がないものと想定される。

債券には，満期時に額面金額のみが返済される**割引債**（図 3-1(**a**)）と，満期まで定期的に利息（クーポン）が支払われ，満期時に最後の利息とともに額面金額（元本）が返済される**利付債**がある（図 3-1(**b**)）。割引債のキャッシュフローは，満期時の額面金額1回のみである。利付債のキャッシュフローは，定期的に支払われる利息と満期時の額面金額になる。利付債の額面金額に対する1年分の利息の割合を**表面利率**（クーポンレート）という。なお，利付債の利息は半年ごとに支払われることが多いが，本書では，議論を簡単にするため1年に1回だけ支払われるものと仮定する。

国債を評価するにあたって，まず将来キャッシュフローには，券面に

図 3-1
割引債と利付債

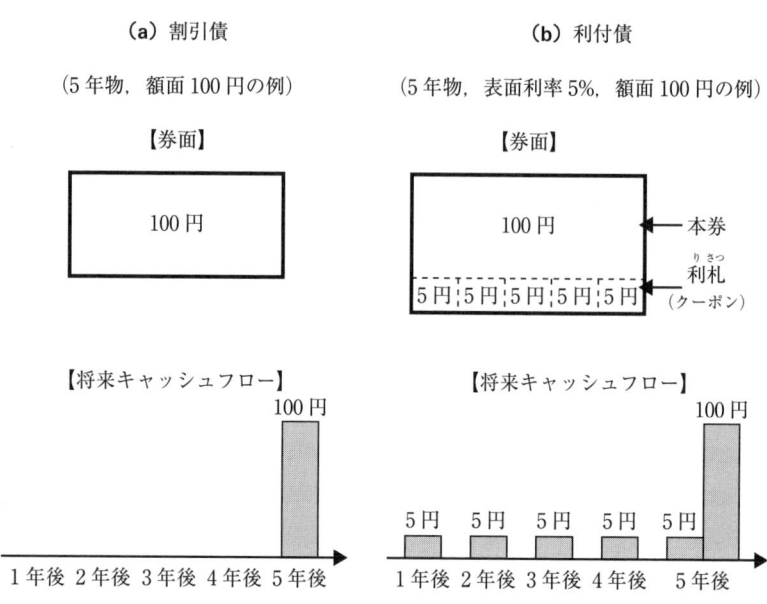

印刷されている元本や利息の金額をそのまま使うことができる。また，国債に投資するということは，満期までの間，国（政府）にお金を貸すということである。したがって，国債に対する要求収益率は，安全な借り手に資金を貸すときの金利となる。この結果，国債の評価額は，券面に印刷されているキャッシュフローを金利で割り引いた現在価値となる。たとえば，今の金利が5％であれば，図3-1の2つの国債の評価は次のようになる。

【割引国債】 $\dfrac{100}{(1.05)^5} = 78.35$ (円)

【利付国債】 $\dfrac{5}{1.05} + \dfrac{5}{(1.05)^2} + \dfrac{5}{(1.05)^3} + \dfrac{5}{(1.05)^4} + \dfrac{105}{(1.05)^5} = 100.00$ (円)

債券の価格は，通常このように額面 100 円分を基準にして表示される。なお，上の利付国債の例からわかるように，表面利率が割引率と同じであるとき，利付国債の価値は額面どおり（100 円）になる（本章の確認問題 2 を参照）。

その後 1 年が経過し，利付国債については初回の利息が支払われたとしよう。このとき，金利が 1 年前と同じ 5% であれば，残存 4 年となった 2 つの国債の価値は次のようになる。

【割引国債】 $\dfrac{100}{(1.05)^4} = 82.27$（円）

【利付国債】 $\dfrac{5}{1.05} + \dfrac{5}{(1.05)^2} + \dfrac{5}{(1.05)^3} + \dfrac{105}{(1.05)^4} = 100.00$（円）

割引国債の価値は，1 年前と比べて 5% 上昇した。これはまさに金利 5% による 1 年間の運用成果である。利付国債は，依然として表面利率と割引率が同じであり，その価値は額面どおり（100 円）である。利付国債の保有者は額面 100 円分につき初回の利息 5 円を受け取っているので，やはり 5% の運用成果を得ている。

もし，この 1 年が経過した時点で，金利が 6% に上昇していたらどうなるだろうか。この場合，国に貸すという意味で同等な投資機会である新規の利付国債は，表面利率 6% のものを 100 円で買うことができる。そこで，先の 2 つの国債に対する要求収益率は 6% となり，それぞれ次のように評価される。

【割引国債】 $\dfrac{100}{(1.06)^4} = 79.21$（円）

【利付国債】 $\dfrac{5}{1.06} + \dfrac{5}{(1.06)^2} + \dfrac{5}{(1.06)^3} + \dfrac{105}{(1.06)^4} = 96.53$（円）

国債がもたらす将来キャッシュフローは，券面に印刷されているので

変更されることはない。そのため,割引率として使う金利が上昇すれば,評価式の分母が大きくなり,債券価格が下落する。

反対に,1年が経過した時点で,金利が4%に低下していた場合には,2つの国債の価値は次のようになる。

【割引国債】 $\dfrac{100}{(1.04)^4} = 85.48$ (円)

【利付国債】 $\dfrac{5}{1.04} + \dfrac{5}{(1.04)^2} + \dfrac{5}{(1.04)^3} + \dfrac{105}{(1.04)^4} = 103.63$ (円)

この場合も印刷された将来キャッシュフローは変更されないので,割引率として使う金利が下がれば,国債の価格が上昇する。

3.2 スポットレート

前節で行った国債の評価の仕方は,実は正確性に欠ける。というのは,通常は将来のキャッシュフローが発生する時期(タイミング)によって,要求収益率が異なるからである。これを第2章でみた2つの銀行の例を使って説明しよう。

銀行預金は,預ける年数によって金利が異なることが多い(通常は年数の長い預金ほど金利が高い)。今,A銀行の預金金利が,1年物預金なら年率5%,2年物預金(2年後に元利一括で返済されるもの)なら年率7%であるとしよう。このとき,前章の図2-1(b)で取り上げた物件,すなわちミシン目で2つに分かれるB銀行の証書はどのように評価されるだろうか。まず,1年後に50万円の現金をもたらす左半分だけを取ると,A銀行の1年物預金と同等の投資機会であるから,要求収益率は5%となる。次に,2年後に50万円の現金をもたらす右半分だけをみると,A銀行の2年物預金と同等の投資機会なので要求収益率は7%となる。そこで,それぞれの部分について,将来キャッシュフローを要求収益率

で割り引くと，この証書全体の価値は，

$$\frac{50}{1.05} + \frac{50}{(1.07)^2} = 47.62 + 43.67 = 91.29 \text{ (万円)}$$

となる。

　前節では，利付国債の将来キャッシュフローをすべて同じ金利で割り引いたが，これは厳密にいうと正しくない。一般的には運用期間が異なれば，同等の投資機会（したがって，要求収益率）が異なるからである。たとえば1年目の利息だけを取り出して考えると，同等の投資機会は残存期間1年の割引国債である。また2年目の利息だけを取り出せば，同等の投資機会は残存期間2年の（2年後のみにキャッシュフローをもたらす）割引国債である。ちなみに，前節の利付国債（額面100円分）を20口購入して，2年目の利札だけを20個集めれば，まさに額面100円分の2年物割引国債と同じキャッシュフローを作ることができる。

　こうして，利付国債を正確に評価するためには，各年のキャッシュフローを，その発生時に満期となるような割引国債の収益率で割り引くことが必要となる。このような割引国債の収益率を**スポットレート**という。以下では1年物スポットレートを $_0s_1$，2年物スポットレートを $_0s_2$，3年物スポットレートを $_0s_3$，……という記号で表す。

　今，残存期間1年の割引国債（額面100円分）が96円，残存期間2年の割引国債（額面100円分）が90円であるとする。このとき，残存期間2年，表面利率6%の利付国債の評価額はいくらになるだろうか。まず，利付国債の1年目の利息に対する要求収益率，すなわち1年物スポットレート $_0s_1$ を求めよう。これは96円の残存期間1年の割引国債から得られる収益率であるから，

$$96 \times (1 + {_0s_1}) = 100 \quad \text{より，}$$
$${_0s_1} = \frac{100}{96} - 1 = 0.0417 \, (4.17\%)$$

図 3-2

スポットレートカーブの例

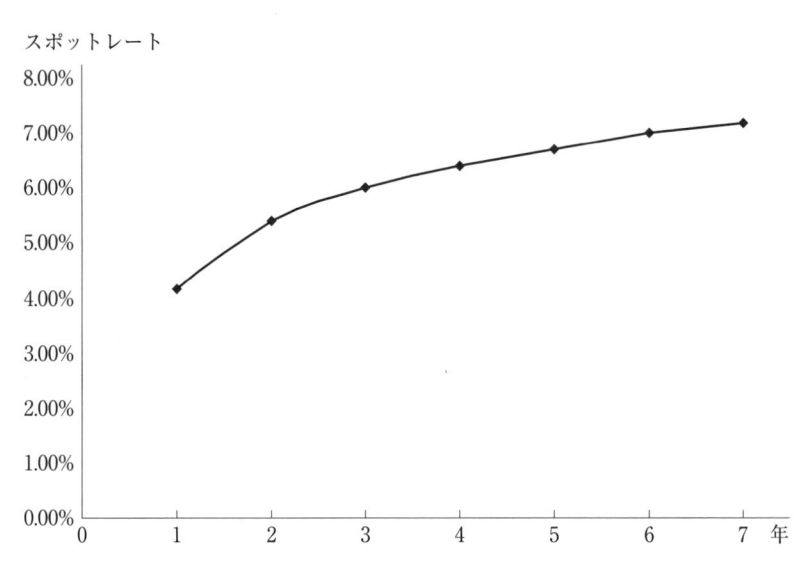

(スポットレートカーブのグラフ：横軸 0〜7年、縦軸 0.00%〜8.00%。1年 約4.20%、2年 約5.41%、3年 約6.00%、4年 約6.40%、5年 約6.70%、6年 約7.00%、7年 約7.20%)

である。次に2年物スポットレートは，残存期間2年の割引国債から得られる収益率なので，

$$90 \times (1 + {}_0s_2)^2 = 100 \quad \text{より，}$$
$${}_0s_2 = \sqrt{\frac{100}{90}} - 1 = 0.0541 \ (5.41\%)$$

である。上の2つのスポットレートを使って，残存期間2年，表面利率6％の利付国債の評価額は，

$$\frac{6}{1.0417} + \frac{106}{(1.0541)^2} = 5.76 + 95.40 = 101.16 \ (円)$$

となる。

なお，横軸に期間，縦軸にスポットレートをとった平面上で，各年物のスポットレート（年率）をつないでできる曲線を，**スポットレートカーブ**という[1]。**図3-2**はスポットレートカーブの例である。各年物のスポットレートがすべて同じ利率であるとき，スポットレートカーブは水平になる。厳密にはその場合に限って，前節のような単一の割引率を使用した利付国債の評価が可能となる。

3.3　債券の利回り

前節でみたように，国債の価値は，厳密には期間ごとに異なるスポットレートを割引率に使って評価される。一方で，ある利付国債の価格がすでにわかっている場合には，その将来キャッシュフローと現在の価格とをリンクさせる単一の割引率を求めることができる。たとえば，残存期間5年，表面利率5%の利付国債（額面100円分）について102円という価格がついているとしよう。このとき単一の割引率rを想定して次のような式を立てることができる。

$$\frac{5}{1+r} + \frac{5}{(1+r)^2} + \frac{5}{(1+r)^3} + \frac{5}{(1+r)^4} + \frac{105}{(1+r)^5} = 102$$

これを解くと$r = 0.0454$（4.54%）となる[2]。このように債券の将来キャッシュフローと現在の価格をリンクさせる単一の割引率を，**利回り**（Yield）と呼ぶ[3]。利回りは，国債を現在の価格で購入して満期まで保有するときの収益率（年率）の見込みとなる[4]。ちなみに10年物利付国債の利回りは，長期金利の代表的な指標とされている[5]。

利回りについては，単一の割引率を使った3.1節の結果を利用することができる。すなわち，債券価格の上昇とともに利回りが低下し，債券価格の下落とともに利回りが上昇する。また，利付国債の表面利率と利回りが同じであるとき，債券価格は額面と同額（100円）である。

国債の残存期間を横軸，利回りを縦軸にとった平面上で，利回りをつないでできる曲線を**利回り曲線（イールドカーブ）**という[6]。割引国債の利回りはスポットレートであるから，割引国債だけで作った利回り曲線は，スポットレートカーブにほかならない。

3.4 社債の評価

企業が発行する債券である社債も，国債と同じように券面に将来キャッシュフローが印刷されている。ただし，企業の信用力は一般に国（政府）よりも低いので，利息と元本が印刷（約定）されたとおりに支払われるとは限らない。社債の信用度は，調査会社が付与する格付けという指標によって示される。格付けは，一般に**図 3-3** のように定義されている。格付けがBBB（トリプルB）以上の社債は，一般の投資家が購入するのにふさわしいという意味で，**投資適格債券**と呼ばれる。一方，格

図 3-3

格付けとその定義の例

格付け符号	定　　義
AAA	信用力は最も高く，多くの優れた要素がある。
AA	信用力は極めて高く，優れた要素がある。
A	信用力は高く，部分的に優れた要素がある。
BBB	信用力は十分であるが，将来環境が大きく変化する場合，注意すべき要素がある。
BB	信用力は当面問題ないが，将来環境が変化する場合，十分注意すべき要素がある。
B	信用力に問題があり，絶えず注意すべき要素がある。
CCC	債務不履行に陥っているか，またはその懸念が強い。債務不履行に陥った債権は回収が十分には見込めない可能性がある。
CC	債務不履行に陥っているか，またはその懸念が極めて強い。債務不履行に陥った債権は回収がある程度しか見込めない。
C	債務不履行に陥っており，債権の回収もほとんど見込めない。

（出所）格付投資情報センターの長期個別債務格付けによる。

付けが BB（ダブル B）以下の社債は，**投機的債券**もしくは**ジャンク債**と呼ばれる[7]。

　社債についても，国債と同様に，券面に印刷されたキャッシュフローと現在の価格をリンクさせる単一の割引率を利回りという。ただし，社債の利回りは，(発行企業が債務不履行に陥ることなく) すべてのキャッシュフローが約定どおり支払われたときの収益率の見込みであるため，**約定利回り**と呼ばれる。社債の約定利回りは，同じ残存期間の国債の利回りよりも高くなる（そうでなければ投資家は国債よりもリスクの高い社債を購入しない）。同じ残存期間を持つ社債の約定利回りと国債の利回りの差を（国債に対する）**利回りスプレッド**と呼ぶ[8]。一般に信用度や流動性（売買のしやすさ）が低い社債ほど利回りスプレッドが大きい。

　理論的な厳密性を持って社債を評価するためには，発行企業が債務不履行に陥り，キャッシュフローが約定どおりに支払われない可能性（デフォルト確率），さらに，その場合に約定キャッシュフローの何割ぐらいが支払われるのか（回収率），といった値を経年的に推定する必要がある。このような推定は非常に困難であるため，実務では，格付けと残存期間によって区分された約定利回りを使って，次のように社債を評価することが多い[9]。

　ある企業が発行した表面利率 5%，残存期間 3 年，格付け A という社債を評価するとしよう。残存期間 3 年，格付け A という区分に属する社債の平均的な約定利回りが 7% であれば，この社債の価値は，

$$\frac{5}{1.07} + \frac{5}{(1.07)^2} + \frac{105}{(1.07)^3} = 94.75\ (円)$$

と評価される。つまり，残存期間と格付けという 2 つの条件が等しい社債を同等な投資機会とみなして，それと同じ約定利回りが得られるように社債を評価するわけである[10]。

　なお，約定利回りは，約定キャッシュフローと社債の価格をリンクする単一の割引率である。したがって，社債の表面利率とその社債に適用

すべき約定利回りが同じであれば，上記の方法による社債の評価は額面と一致する。

本章に関連する発展的なトピックス

フォワードレート，金利の期間構造，デフォルト確率と回収率を使った社債の評価

確認問題

1. 1年物スポットレート $_0s_1$ が4％，2年物スポットレート $_0s_2$ が6％であるとき，表面利率7％，残存期間2年という利付国債（額面100円分）の価格と利回りを求めなさい。
2. 利付国債の利回りが表面利率と等しいとき（1年分の利息を C，利回りを r とおくと，$r = \dfrac{C}{100}$ であるとき），額面100円あたりの価格 P がちょうど100円になることを示しなさい（第1章1.3節のゼロ成長モデルの導出方法，もしくは第8章の等比数列の和を参照すること）。
3. 以下の条件のもとで，残存期間3年，格付けA，表面利率4％という社債（額面100円分）の価値を求めなさい。
   条件1：残存期間3年，表面利率3％の利付国債（額面100円分）の価格がちょうど100円である。
   条件2：格付けがAで，残存期間が2年以上4年以下の社債について，国債に対する利回りスプレッドの平均値が2％であり，これを評価対象についての妥当な利回りスプレッドであると想定する。

[注]

1. 利付国債の本券と利札が分離されて，各々が1枚ずつの割引債として流通する場合（これをストリップス債と呼ぶ），その収益率もスポットレートとなる。
2. このような r の値は，表計算ソフトの IRR 関数を使って求めることができる。手計算で求める場合は，r に近いと思われる数字を当てはめて，徐々に等式が成り立つような値に近づけていけばよい。
3. この利回りは，最終利回り（Yield to Maturity）とも呼ばれる。またこれは，投資に対して一般的に使用される内部収益率（IRR）と同じである。
4. 本文の国債への投資を，元本102円の5年間の貸出として捉えるならば，貸出金利（年率）が4.54% ということになる。
5. 財務省のホームページ（http://www.mof.go.jp/）では，残存期間別の国債の利回りが「金利情報」として公表されている（毎営業日更新）。
6. 利回り曲線（イールドカーブ）は，期間と金利の関係（金利の期間構造）のスナップショットを示すものとして使用される。
7. ジャンク（junk）は「がらくた」を意味する。
8. スプレッド（spread）は「幅」という意味であり，この場合，国債の利回りに対する上乗せ幅を表している。
9. 日本証券業協会のホームページ（http://www.jsda.or.jp/）では，格付けと残存期間によってグループ分けした社債の約定利回りの平均値が「格付マトリクス」として公表されている（毎営業日更新）。
10. この方法と基本的には同じであるが，利回りスプレッドを使用して約定キャッシュフローに対する割引率を求めることもできる。たとえば，評価する社債と同じ格付けを持つ社債の利回りスプレッドを，残存期間が多少異なるものも含めて平均し，それを評価する社債と同じ残存期間の国債の利回りに足したものを割引率にしてもよい（本章の確認問題3を参照）。この方法は，評価する社債と，格付けにおいて同じでも残存期間において異なる社債しか存在しないときなどに有効である。

第4章 株式の評価

4.1 株式がもたらすキャッシュフロー

　株式を評価する場合にも，将来キャッシュフローを要求収益率で割り引くという評価の基本原理が適用される。**株式**は企業に対する持ち分であり，株式のもたらす将来キャッシュフローは企業の利益から持ち分に応じて配分される**配当**である。株主が配当を受け取る権利は，債権者が約束されたキャッシュフローを受け取る権利よりも劣後する。つまり株主は，債権者に約束したキャッシュフローを支払った後に残る利益から配当を受け取る。

　また，この利益をすべて株主に配当するのではなく，一部を社内に留保して，事業拡大のために再投資することも多い。さらに，企業の事業は永久に継続されることを前提としているため，事業の元手としての資金を提供している株式は，払い戻しされることがなく，永久に配当が支払われるものと想定される。

　このような事情から，債券とは大きく異なり，一般的な株式（普通株式）の券面には，毎年のキャッシュフローの金額や払い戻し日（満期日）が記載されていない[1]。そこで，株式を評価するためには，過去の実績や今後の見通しに基づいて，投資家自身が将来にわたって1株あたりい

くらの配当が支払われるのかを予想しなければならない。予想されるシナリオは何通りもありうるので，株式の評価には平均的な予想であるキャッシュフローの期待値が使用される。

4.2　株式の要求収益率

　株式のもたらす将来キャッシュフローが期待値であるため，すべての株式について，これから投資したときに得られるであろう収益率もこの期待値を使って計算される。その結果，今後の収益率もまた期待値（平均的な予想）となるので，これを**期待収益率（期待リターン）**という。たとえば，現在 1,000 円の株式があり，この株式がもたらす配当の期待値が毎年永久に 100 円であるとすれば，この株式の期待収益率は 10％である。

　株式を評価する際には，同等の株式に投資したときに得られるであろう期待収益率を要求することになる。たとえば今，上記の 1,000 円の株式と同等の投資機会とみなされる株式があり，その配当の期待値が，毎年永久に 50 円であるとしたら，その株式の価値 P は次のように評価される。

$$P = \frac{50}{1.1} + \frac{50}{(1.1)^2} + \frac{50}{(1.1)^3} + \cdots$$

第 1 章（1.3 節）のゼロ成長モデル（(1-5)式）より，

$$\begin{aligned}P &= \frac{50}{0.1} \\ &= 500 \text{（円）}\end{aligned}$$

　毎年の配当の期待値が 50 円であるから，この株式を 500 円で買えば，期待収益率は 10％であり，同等の投資機会と同じ期待収益率が保証さ

れることになる。

　ここで問題となるのは，同等な投資機会となる株式を選ぶ方法である。前章でみたように，社債の場合には格付けと残存期間という条件によって同等な投資機会を認識することができたが，株式の場合，これに相当するものは何だろうか。その答えは，**ベータ**（β）という指標である。ベータについては第13章で詳しく説明するが，直感的な意味を以下に述べておこう。

　株式のようにリスクのある資産への投資では，多数の銘柄に分散して投資するほどリスクを小さくすることができる。その結果，可能な限り多くの銘柄を保有することが最善となり，合理的な投資家は市場に存在するすべての銘柄を保有することとなる（このような投資家の資産を**市場ポートフォリオ**という）。このとき，投資家が関心を持つのは，個々の銘柄の収益率ではなく，自分の保有する資産全体（市場ポートフォリオ）の収益率であり，投資家にとってのリスクは，資産全体（市場ポートフォリオ）の変動となる。

　したがって，投資家にとってリスクの大きい株式とは，市場ポートフォリオの変動に大きく関与する株式である。反対に，市場ポートフォリオの変動にあまり関与しない株式はリスクが小さい。こうして，個別株式のリスクは，市場ポートフォリオの変動との関係の強さ，すなわち，市場ポートフォリオとの連動性によって測られることになる。この連動性を表す指標がベータである。

　リスクの大きさ，すなわちベータ値が同じ株式は，互いに同等の投資機会となる。ちなみに，ベータ値が1という株式は，市場の平均的なレベルのリスク（市場ポートフォリオと同等のリスク）を持つ。また，ベータ値が2という株式は，市場の平均的なレベルの2倍のリスクを持つ。個々の株式のベータ値は，過去の株価（投資収益率）のデータを使って推計することができる。その方法は第13章に譲り，以下では，ベータ値が得られているものとして株式を評価していこう[2]。

　投資家はリスクの大きい株式には，それに応じた高い期待収益率を求める。この結果，株式に対して要求すべき期待収益率（以下，株式の要

求収益率）は，リスクの指標であるベータ値に比例して上昇する。具体的には，ある個別株式iのベータ値β_iが与えられると，その株式の要求収益率は次の式によって決まる。

$$株式 i の要求収益率 = r_f + \beta_i (\mu_{R_M} - r_f) \qquad (4\text{-}1)$$

これは，**資本資産評価モデル**もしくは**CAPM（キャップエム）**と呼ばれる式である[3]。このモデルに関する詳しい説明は第13章に譲り，ここでは，この式の構造を簡単に説明しておこう。

右辺第1項のr_fは，リスクのない運用から得られる金利（**無リスク利子率**）である。ここでは収益率の計算期間を1年間としているので，1年物のスポットレートを無リスク利子率として使用する[4]。この無リスク利子率に**リスクプレミアム**と呼ばれる第2項を上乗せしたものが個別株式の要求収益率になる。この上乗せ分は，個別株式のベータ値β_iにすべての株式に共通する定数，$(\mu_{R_M} - r_f)$をかけたものになる。μ_{R_M}は，株式市場全体（市場ポートフォリオ）の期待収益率である。したがって，$(\mu_{R_M} - r_f)$は，無リスク利子率に対する市場ポートフォリオの期待収益率の上乗せ分であり，これを**市場リスクプレミアム**という。市場リスクプレミアムの値としては，通常，株式市場全体（株価指数）の1年間の収益率が同じ年の無リスク利子率をどの程度超過したかを長期にわたって計測し，それを平均したものが使用される。

このように，株式の要求収益率は，無リスク利子率に，個別株式のベータ値に比例するリスクプレミアムを上乗せしたものになる。ベータ値が1の株式は，市場の平均的なレベルのリスクを持つと述べたが，(4-1)式に$\beta_i = 1$を代入すると，要求収益率はμ_{R_M}，すなわち市場全体の平均的なものになる。これは，市場の中で平均的なリスクを持つ株式には，収益率もやはり平均的なものが要求されるというもっともな帰結である。

上の(4-1)式（資本資産評価モデル）を使って，次のX社の株式を評価してみよう。なお，現在の1年物の無リスク利子率が2％であり，市場リスクプレミアムの推定値は4％であるとする。X社の株式のベータ値

β_X が 1.2 であれば，その要求収益率は，

$$r_f + \beta_X(\mu_{R_M} - r_f) = 2\% + 1.2 \times 4\%$$
$$= 6.8\%$$

となる．さらに，X社の1株あたりの利益の期待値が今後20円で一定であり，毎年それが全額配当されると想定しよう[5]．このとき，永久年金のゼロ成長モデル（(1-5)式）を使って，X社の株式（1株の株価）P は次のように評価される．

$$P = \frac{20}{1.068} + \frac{20}{(1.068)^2} + \frac{20}{(1.068)^3} + \cdots$$
$$= \frac{20}{0.068}$$
$$= 294.12 \text{ (円)}$$

4.3 配当が成長する株式の評価

　前節では，X社について，利益と配当の期待値が永久に一定（ゼロ成長）であると想定したが，企業の経済活動とともに，利益や配当が成長すると想定することも多い．このような場合，長期間の平均的な成長率が推定できれば，第1章（1.3節）で学んだ定率成長モデル（(1-8)式）を使用することができる．

　企業が成長するための主要な資金源として，利益の内部留保（再投資）がある．そこで，前節のX社には毎年，利益の4分の1を内部留保して再投資する機会があると想定しよう．また，この再投資を毎年実行すれば配当が年2％ずつ成長するものとする．このとき，X社の配当は今年度（20×3/4 =）15円となり，その後2％ずつ成長するので，X社の株

式は次のように評価される。

$$P = \frac{15}{1.068} + \frac{15 \times 1.02}{(1.068)^2} + \frac{15 \times (1.02)^2}{(1.068)^3} + \frac{15 \times (1.02)^3}{(1.068)^4} + \cdots$$

定率成長モデル（(1-8)式）より，

$$P = \frac{15}{0.068 - 0.02}$$
$$= 312.50 \text{ (円)}$$

　成長機会に利益の一部を再投資するという前提で評価された株価（X社の例では312.50円）と，再投資せずに利益をすべて配当するという前提で評価された株価（X社の例では294.12円）の差を，（1株あたりの）**成長機会の正味現在価値**という。この関係を式で表すと次のようになる。

$$\text{成長を想定した株価} = \text{ゼロ成長を想定した株価} + \text{成長機会の正味現在価値}$$

　前記のX社の例では，利益の再投資によって達成される配当の成長率を2%としたが，このような成長率を，企業の財務政策に一定の仮定を設けて推定することもできる。この方法を以下に示そう。
　ある企業の第n年度における税引後利益（Earnings）をE_n，配当（Dividend）をD_nと表す。また，税引後利益のうち配当として支払う割合（配当性向）をd，事業に再投資する割合（内部留保率）を$(1-d)$と表す。配当性向と内部留保率は毎年一定であると仮定する。もし，この企業の配当性向が1であれば，第n年度の配当D_nは税引後利益E_nと同額であり，成長機会への投資をしないので，次の第$(n+1)$年度の税引後利益と配当もE_nのままになる。
　一方，この企業が再投資をする場合には，第n年度の配当D_nは$E_n \times d$，再投資額は$E_n \times (1-d)$となる。再投資された資本がもたらす1年間の利益率をr'で毎年一定であるとすれば，次の第$(n+1)$年度の予想

利益は前の年よりも $E_n \times (1-d) \times r'$ だけ増えて，$E_n + E_n \times (1-d) \times r'$ となる。これに配当性向をかければ，第 $(n+1)$ 年度の配当 D_{n+1} は次のように推定される。

$$\begin{aligned} D_{n+1} &= \{E_n + E_n \times (1-d) \times r'\} \times d \\ &= E_n \times \{1 + (1-d) \times r'\} \times d \\ &= E_n \times d \times \{1 + (1-d) \times r'\} \\ &= D_n \times \{1 + (1-d) \times r'\} \end{aligned} \qquad (4\text{-}2)$$

つまり第 $(n+1)$ 年度の予想配当は，第 n 年度の配当に $\{1+(1-d) \times r'\}$ をかけたものになる。内部留保率と再投資された資本の利益率はともに毎年一定と想定しているので，(4-2)式の関係は永久に続く。配当の成長率を g として，D_{n+1} と D_n の関係を表すと，$D_{n+1} = D_n \times (1+g)$ であるから，(4-2)式と照らし合わせれば，$g = (1-d) \times r'$ であることがわかる。つまり，内部留保率に再投資される資本の利益率をかけたものが配当の成長率となる。

このように，企業の財務政策を利用して推定される成長率を，**サステイナブル成長率**と呼ぶ。サステイナブル（sustainable）とは「持続可能」という意味であり，サステイナブル成長率は，外部資金に頼らず利益の再投資だけで達成可能な成長率という意味である[6]。サステイナブル成長率の実際の推定にあたっては，$(1-d)$ と r' の値として内部留保率と株主資本利益率（ROE）の実績値（過去数年分の平均値など）を使用することが多い[7]。

4.4 成長機会と株価の関係

利益の再投資によって企業が成長すれば，株価は常にゼロ成長の場合よりも高くなるのだろうか。定率成長モデルとサステイナブル成長率を使ってこれを検討してみよう。まず，今年度の配当の期待値を D_1，株

式の要求収益率を r，配当の予想成長率を g とすると，定率成長モデルから株価 P は次のようになる。

$$P = \frac{D_1}{r-g} \qquad (4\text{-}3)$$

今年度の税引後利益の期待値を E_1 とし，配当性向と再投資される資本の利益率がそれぞれ d と r' で毎年一定であるとする。成長率 g としてサステイナブル成長率を使うと(4-3)式は，

$$P = \frac{E_1 \times d}{r-(1-d) \times r'} \qquad (4\text{-}4)$$

となる。ここでベンチマークとして，再投資される資本の利益率が株式の要求収益率と同じ ($r'=r$) という場合を考えると，(4-4)式は以下のように変形できる。

$$\begin{aligned}P &= \frac{E_1 \times d}{r-(1-d) \times r} \\ &= \frac{E_1 \times d}{d \times r} \\ &= \frac{E_1}{r} \qquad (4\text{-}5)\end{aligned}$$

この(4-5)式の右辺は，再投資を全くせず，したがって，今後の利益と配当が E_1 のままずっと一定であると予想される場合の株価である。つまり，再投資される資本の利益率が株式の要求収益率と等しい場合には，利益の一部を再投資しても，利益をすべて配当するゼロ成長のケースと株価は同じになる。

次に，ベンチマーク以外の場合について，成長機会への投資と株価の

関係をみてみよう。(4-4)式において，$r' > r$ の場合には，分母がベンチマークのときより小さくなるので，結果的に $P > \dfrac{E_1}{r}$ となり，ゼロ成長よりも成長機会に投資する方が株価が高くなる（成長機会の正味現在価値が正となる）。反対に，$r' < r$ の場合には，分母がベンチマークのときより大きくなるので，結果的に $P < \dfrac{E_1}{r}$ となり，成長機会に投資しないゼロ成長を選んだ方がむしろ株価が高くなる（成長機会の正味現在価値が負となる）。

このように，企業が利益の一部を再投資して成長する場合，株価がゼロ成長よりも高くなるのは，再投資する資本の利益率が株式の要求収益率よりも高い場合に限られる。換言すれば，再投資する資本の利益率が株式の要求収益率よりも低いと考えられる場合には，再投資をせずに利益をすべて配当する方が，株主にとって有利となる[8]。

―――― **本章に関連する発展的なトピックス** ――――

2段階成長モデル，残余利益（超過利益）モデル，PER（株価収益率）と成長率，PBR（株価純資産倍率）と解散価値

（確認問題）

次のデータを使って，以下の設問に答えなさい。

無リスク利子率	2%
市場リスクプレミアム	4%
A社株式のベータ値	1.5
A社の今年度の予想税引後利益（1株あたり）	40円

(1) 今後A社が税引後利益をすべて配当として支払うと想定して，A社株式1株の価値を求めなさい。なお，A社の予想税引後利益は1

株あたり 40 円で今後も一定であると想定する。
(2) 今後毎年 A 社が税引後利益の 6 割を配当し、残りの 4 割を再投資すると想定する。再投資される資本の利益率が 6％、8％、10％という 3 つの場合について、A 社株式 1 株の価値を求め、(1)の結果と比較しなさい。

[注]

1. 普通株式とは異なる株式を種類株式という。種類株式の代表例である優先株は、通常、額面金額や配当金額があらかじめ決められている。優先株はこのように負債に近い性格を持っているため、負債に準じた方法で評価される。
2. 本文で述べたように、ベータ値の推計方法は第 13 章で扱うが、東京証券取引所が発行する CD-ROM『TOPIX β Value』や金融情報プロバイダー（ロイター、ブルームバーグなど）のホームページで、各社が独自に推計したベータ値を入手することもできる。
3. CAPM は、このモデルの英文名称 Capital Asset Pricing Model の頭文字である。
4. (4-1)式の r_f として、より長期の国債（たとえば 10 年物国債）の利回りを使用する場合もある。これは企業買収のように株式の長期保有を前提とするケースに多い。
5. より正確には、X 社の 1 株あたりの利益と 1 株あたりの株主に帰属するキャッシュフローの期待値が一致しており、これが全額配当されるという状況を想定する（利益とキャッシュフローの違いについては第 5 章 (5.3 節) を参照されたい）。
6. 負債のある企業の場合、内部留保のみによって成長すると年々株主資本が増加するため、負債と株主資本の比率（財務レバレッジ）が変化していくことになる。株式の要求収益率は財務レバレッジによって変化するため、この財務レバレッジの変化によって株式の評価が複雑になる（第 7 章参照）。そこで、負債のある企業にサステイナブル成長率を使う場合には、利益の内部留保と同時に負債を増加させて財務レバレッジを維持すると想定するのが一般的である。このとき、サステイナブルという言葉は「外部資金に頼らない」というよりも、むしろ「財務レバレッジを維持する」という意味で使われることになる。
7. サステイナブル成長率の中の r' は、（前期の利益の中から）期首に再投資された資本の利益率である。したがって、サステイナブル成長率の推計に ROE の実績値を使用する場合には、期首資本に対する ROE を使用するのが妥当である。
8. 具体的な投資案の採否を判断する方法については第 6 章で学習する。ここでのポイントは、資本の利益率の低い企業は拡張投資に対して慎重になるべきである、という一般的なメッセージである。

第5章 企業価値の評価

5.1 負債と株主資本の合計による評価

　個人投資家がひとつの企業全体に投資することはまれであるが，経済活動の中で企業価値の評価が必要になることは少なくない。たとえば，企業買収が行われるときには，買収者が買収先企業の価値を評価する。また，証券アナリストが株式の評価をする際にも，まず，企業全体の価値を評価することが多い。

　このような場合，将来キャッシュフローをもたらすひとつの物件として企業が評価される。企業がもたらす将来キャッシュフローは，資本提供者である債権者と株主のいずれかに帰属する[1]。したがって，企業の価値は，債権者に帰属するキャッシュフローの現在価値と株主に帰属するキャッシュフローの現在価値の総和として，すでに学んだ方法を使って求めることができる[2]。

　例として，支払利息と税金を支払う前の営業利益が毎年永久に100億円と予想される企業を取り上げよう。営業利益は，支払利息と税金を支払う前のキャッシュフローに等しいものとする。また，この企業は負債を継続的に借り入れており，利息として毎年40億円の支払いを約定しているものとする。法人税率を40％とすると，この企業の毎年の利益

状況は次のように予想される。

(単位：億円)

営業利益	100
支払利息	<u>40</u>
税引前利益	60
法人税（税率40%）	<u>24</u>
税引後利益	<u><u>36</u></u>

　この企業の負債と株式について，同等の投資機会を調査した結果，負債の要求収益率が5%であり，株式の要求収益率が9%であったとしよう。このとき，まず債権者に帰属するキャッシュフローの現在価値（負債の価値）は，ゼロ成長モデルから，

$$\frac{40}{0.05} = 800（億円）$$

となる。次に，税引後利益がすべて株主に配当されると仮定すると，株主に帰属するキャッシュフローの現在価値（株主資本の価値）は，ゼロ成長モデルから，

$$\frac{36}{0.09} = 400（億円）$$

となる。企業価値は，負債と株主資本の価値を合計したものなので，

$$800 + 400 = 1,200（億円）$$

である。
　企業は，資本提供者（債権者と株主）が提供した資本を元手にして事業を行う。このとき企業は，資本の価値に対して要求収益率と同等以上

の収益を上げなければ，資本提供者の要求を満たすことができない。今の例では，800億円の負債相当額に対する5％，400億円の株主資本相当額に対する9％以上の収益を上げて，それを資本提供者に支払う必要がある。

このように，資本提供者の要求収益率は，資本を調達する企業にとっては，一種のコスト（パーセントで表示された資本の使用料）となるため，**資本コスト**（Cost of Capital）と呼ばれる。負債（債権者）の要求収益率は，負債資本に課せられたコスト，すなわち**負債コスト**（Cost of Debt）であり，株式（株主）の要求収益率は，株主資本に課せられたコスト，すなわち**株主資本コスト**（Cost of Equity）となる。

5.2　加重平均資本コストによる評価

前節では，負債の価値と株主資本の価値を，それぞれの将来キャッシュフローと要求収益率を使って別々に評価した。これに対して，企業全体をまさにひとつの物件としてとらえて，キャッシュフローと要求収益率をともに一本化して評価する方法もある。企業の設備投資決定に使いやすいことなどから，実際にはこちらの方法がよく使用される。

まず，要求収益率を一本化することを考えよう。2種類の要求収益率（資金の調達金利）を一本化する合理的な方法は，調達総額に占めるそれぞれの割合を考慮して，2つの要求収益率をひとつにならすことである。

例として，2つの銀行から異なる金利で借り入れを行うケースを考えてみよう。A銀行から金利3％で70万円，B銀行から金利5％で30万円を借りて合計100万円を調達するものとする。1年間の支払利息は(70万円×3％＋30万円×5％＝)3.6万円になるので，総額の100万円に対する調達金利（コスト）は3.6％となる。これは次のような計算で表すことができる。

$$\frac{70 \times 3\% + 30 \times 5\%}{100} = \frac{70}{100} \times 3\% + \frac{30}{100} \times 5\%$$
$$= 0.7 \times 3\% + 0.3 \times 5\%$$
$$= 3.6\%$$

　この計算をみるとわかるように，一本化された100万円の調達コストは，それぞれの銀行からの借入金利に，借り入れた金額の比率（0.7と0.3）をかけて足したものになる。このように，足して1になるような重み（ウエイト）をかけて合計したものを**加重平均**という。企業が負債と株主資本を使って資金を調達しているときの要求収益率（資本コスト）も，この加重平均の考え方を使って一本化することができる。すなわち，負債コストと株主資本コストのそれぞれに，総資本の価値に占める負債と株主資本の比率をかけて足せばよい。

　次に，将来キャッシュフローの一本化を検討するが，このときひとつの問題が生じる。それは，資本提供者全体に帰属するキャッシュフローの総額が負債と株主資本の比率によって変化するという問題である。これは，債権者に帰属するキャッシュフロー（支払利息）と株主に帰属するキャッシュフロー（税引後利益）では，法人税の取り扱いが異なることから生じる。これを前節の企業を例に考えてみよう。この企業について，負債の比率をゼロから徐々に増やしていくシミュレーションを行うと下の表のようになる。

(単位：億円)

	ケース1	ケース2	ケース3	ケース4	ケース5
営業利益	100	100	100	100	100
支払利息 （債権者に帰属するキャッシュフロー）	0	20	40	60	80
税引前利益	100	80	60	40	20
法人税（税率40％）	40	32	24	16	8
税引後利益 　（株主に帰属するキャッシュフロー）	60	48	36	24	12

ケース1は，無借金（株主資本100%）で支払利息がゼロの状態であり，ケース2，3，4の順に，負債が増加して支払利息が増えていく。このように負債を増やしていくと，当然，債権者に帰属するキャッシュフロー（支払利息）が増加し，株主に帰属するキャッシュフロー（税引後利益）が減少する。しかし，債権者に帰属するキャッシュフローが増加した分だけ，単純に株主に帰属するキャッシュフローが減少するわけではない。たとえば，ケース1からケース2に移る場合，支払利息は20億円増えるが，税引後利益は12億円しか減らない。ケース2からケース3に移る場合などもすべて同様である。その理由は，前述したとおり法人税にある。法人税は，支払利息を差し引いた後の利益に対して課税される。支払利息を増やせば法人税が減るので，税引後利益は支払利息の増加分ほどは減少しない。

この問題に対処するには，資本提供者が株主だけであるケース1を基準にして考えるとよい。ケース1で株主に帰属するキャッシュフローは60億円である。この状態にある企業がキャッシュフローのうち20億円を債権者に分けることにするとケース2になるが，そのときの株主に帰属するキャッシュフローは48億円になる。つまり，ケース1の状態にある企業が債権者に20億円を支払うことにするとき，（20億円ではなく）12億円の支払いを負担すると考えてよいことになる。

同様にケース3についても，あくまでもケース1との比較でみるならば，支払利息を（40億円ではなく）24億円の負担と考えてよい。このようにして，資本提供者が株主だけというケース1の状態を基準にする限り，債権者へ利息を支払うという企業の負担（債権者からの要求）は0.6をかけて縮小してよいことになる。この0.6というのは，1から法人税率40%（0.4）を引いたものである。つまり，債権者に利息を支払う場合，法人税が（支払利息×法人税率）だけ減るので，ケース1の状態からみた利息の負担額は（1－法人税率）をかけたものに縮小される。

支払利息が0.6倍に縮小されるとき，負債の元本に対する支払利息の割合，すなわち負債コストも0.6倍に縮小される。こうして，資本提供者が株主だけであるケース1の状態を基準とし，このケースのキャッシ

ュフローに対応させる限り，企業の負債コストは（1－法人税率）をかけて縮小してよいことになる。換言すれば，キャッシュフローをケース1のものに固定して，（1－法人税率）をかけて縮小した負債コストを使えば，上の表のすべてのケースについて，負債の増加とともに資本提供者全体に帰属するキャッシュフローが増加することを考慮できたことになる。

前節の企業では，税引前の負債コストが5%，税率が40%（0.4）だったので，株主資本100%のキャッシュフローに対応する税引後の負債コストは，

$$(1-0.4) \times 5\% = 3\%$$

となる。また，株主資本コストが9%なので，負債と株主資本の比率が2：1であれば，2つの資本コスト（要求収益率）は加重平均を使って次のように一本化される。

$$\frac{2}{3} \times (1-0.4) \times 5\% + \frac{1}{3} \times 9\%$$
$$= 2\% + 3\%$$
$$= 5\%$$

このように，税引後の負債コストと株主資本コストを，負債と株主資本の比率で加重平均したものを，**加重平均資本コスト**もしくは**WACC**（ワック）と呼ぶ[3]。

加重平均資本コストは，株主資本100%というケース1の状態に対応する要求収益率であるから，キャッシュフローには（負債がある場合にはフィクションなのだが）ケース1のものを使わなければならない。このように資本提供者が株主だけであると想定したときの税引後キャッシュフローを，**フリーキャッシュフロー**（Free Cash Flow）という[4]。前節の企業を，負債と株主資本の比率が一定であると想定して，フリーキャ

ッシュフローと加重平均資本コストを使ったゼロ成長モデルで評価すると，

$$\frac{60}{0.05} = 1,200 \text{ (億円)}$$

となる。このように，負債と株主資本の比率として前節と同じ値 (2：1) を使えば，将来キャッシュフローと資本コストを一本化して評価しても，前節と同じ企業価値が得られる[5]。

　ここで，本節でみた企業価値評価の方法を整理しておこう。まず，加重平均資本コスト $wacc$ を次の式によって求める。

$$wacc = \frac{D}{V} \cdot (1-t) \cdot r_D + \frac{E}{V} \cdot r_E$$

$\frac{D}{V}$：総資本の価値に占める負債の割合

t：企業に適用される法人税率

r_D：負債コスト（税引前）

$\frac{E}{V}$：総資本の価値に占める株主資本の割合

r_E：株主資本コスト

　次に，毎年のフリーキャッシュフロー（FCF_1, FCF_2, ……）を $wacc$ で割り引いた現在価値を合計する[6]。

$$\text{企業価値} = \frac{FCF_1}{1+wacc} + \frac{FCF_2}{(1+wacc)^2} + \frac{FCF_3}{(1+wacc)^3} + \cdots$$
$$+ \frac{FCF_n}{(1+wacc)^n} + \cdots \tag{5-1}$$

フリーキャッシュフローが毎年同額の FCF であると想定される場合には，(5-1)式はゼロ成長モデルを使って，

$$企業価値 = \frac{FCF}{wacc} \quad (5\text{-}2)$$

となる。フリーキャッシュフローが毎年一定の率 g で成長すると想定される場合，(5-1)式は定率成長モデルを使って，

$$企業価値 = \frac{FCF_1}{wacc - g} \quad (5\text{-}3)$$

となる[7]。

ところで，加重平均資本コストを計算する際に，要求収益率にかけるウエイトとなるのは，負債と株主資本のそれぞれが企業価値に占める割合である。したがって，企業価値を算定する途中の $wacc$ を求める式の中で，すでに企業価値 V が使われている，という循環参照（ループ計算）になっている[8]。

この問題には，負債の価値がその元本金額，すなわち貸借対照表上の簿価によってほぼ正確に評価できることを利用すれば対処できる[9]。加重平均資本コストの式の企業価値 V は負債 D と株主資本 E の和であるから，負債の評価額として簿価が使えれば未知数は株主資本だけになる。この計算で得られた株主資本に（簿価どおりと想定された）負債の価値を足せば企業価値になる。前記(5-2)式のゼロ成長の場合について，この過程を以下に示そう。

$$V = \frac{FCF}{wacc} = \frac{FCF}{\frac{D}{V} \cdot (1-t) \cdot r_D + \frac{E}{V} \cdot r_E} \quad \text{より，}$$

$$V \cdot \left\{ \frac{D}{V} \cdot (1-t) \cdot r_D + \frac{E}{V} \cdot r_E \right\} = FCF$$

$$D \cdot (1-t) \cdot r_D + E \cdot r_E = FCF$$

$$E = \frac{FCF - D \cdot (1-t) \cdot r_D}{r_E} \tag{5-4}$$

この方法を使って次の企業を評価してみよう.

フリーキャッシュフローの期待値（毎年一定と仮定する）	500（億円）
負債の簿価（これを負債の現在価値として使用する）	3,000（億円）
法人税率	40%
負債コスト（税引前）	6%
株主資本コスト	10%

(5-4)式を使って株主資本の価値を求めると,

$$\begin{aligned} E &= \frac{FCF - D \cdot (1-t) \cdot r_D}{r_E} \\ &= \frac{500 - 3{,}000 \times (1 - 0.4) \times 0.06}{0.1} \\ &= 3{,}920 \text{（億円）} \end{aligned}$$

となる.企業価値は,負債と株主資本の合計なので,

$$V = D + E = 3{,}000 + 3{,}920 = 6{,}920 \text{（億円）}$$

となる.さらにこの結果から,この企業の現在の加重平均資本コスト $wacc$ の推定値が得られる.

$$wacc = \frac{D}{V} \cdot (1-t) \cdot r_D + \frac{E}{V} \cdot r_E$$
$$= \frac{3{,}000}{6{,}920} \times (1-0.4) \times 6\% + \frac{3{,}920}{6{,}920} \times 10\%$$
$$= 1.56\% + 5.66\%$$
$$= 7.22\%$$

　負債の価値を簿価と同じと仮定した場合，ゼロ成長モデルもしくは定率成長モデルを適用できる企業であれば，計算は前記のように比較的簡単である。より複雑なフリーキャッシュフローの変化を想定すべき企業については，表計算ソフトを使って反復（収束）計算を行う必要がある。

　ところで，企業が株式市場に上場している場合には，株価に発行済株式数をかけた時価総額として株主資本の時価を直ちに計算することができる。しかし，この時価総額をフリーキャッシュフローを出発点として推定される株主資本の価値と比較することは非常に有益である。これは実際に，証券アナリストなどが，現在の株価が本来の価値に比べて割安（あるいは割高）かどうかを判断するひとつの方法である。また，企業買収を検討する場合にも，複数の評価方法による評価額を照らし合わせることが不可欠である[10]。

5.3　フリーキャッシュフローの予測

　前節でみたように，企業価値の評価に加重平均資本コストを用いる場合，将来キャッシュフローにはフリーキャッシュフローを使用する。本節では，このフリーキャッシュフローを予測する方法を検討しよう。フリーキャッシュフローは，株主資本100％の状態を想定したときの税引後キャッシュフローである。そこでまず，株主資本100％を想定した簡単な予想損益計算書を使って，ある年度の税引後利益を求める過程をみてみよう。なお，この損益計算書では，通常は売上原価や販売費および

一般管理費に含まれる減価償却費を別建てにして表記している。

           （単位：億円）

売上高	1,000
売上原価（減価償却費を除く）	500
販売費および一般管理費（同）	100
減価償却費	<u>200</u>
税引前営業利益（EBIT）	200
法人税（税率40％）	<u>80</u>
税引後営業利益	<u>120</u>

 損益計算書では，総収益である売上高から，売上原価，販売費および一般管理費，減価償却費を減算して，税引前営業利益（EBIT）が計算される[11]。株主資本100％を想定しているので，支払利息は計上されず，税引前営業利益に（1 − 法人税率）をかけた税引後営業利益が最終的な利益となる[12]。

 この税引後営業利益は，（ここでは株主のみと想定している）資本提供者に帰属する利益である。利益とキャッシュフロー（現金収支）は一般には一致しないため，この1年間におけるフリーキャッシュフローを求めるためには，税引後営業利益にいくつかの調整を加える必要がある。

 第一に，損益計算書に費用として計上される減価償却費は，現金としては支出していない非現金費用である。そこで，税引後営業利益に減価償却費を加算するという調整が必要となる。一方，企業が設備投資を行えば，損益計算書には表れない現金の支出となる。そこで，設備投資が見込まれる年度については，これを現金支出として減算しなければならない。

 第二に，損益計算書の売上高や売上原価を，営業上の現金収支に調整する必要がある。これについては，やや長くなるが**図 5-1**を使って説明しよう。まず，損益計算書で総収益を表す売上高が営業上の現金収入と一致しているとは限らない。これは，貸借対照表上の売掛債権（受取手

図 5-1

正味運転資本の調整

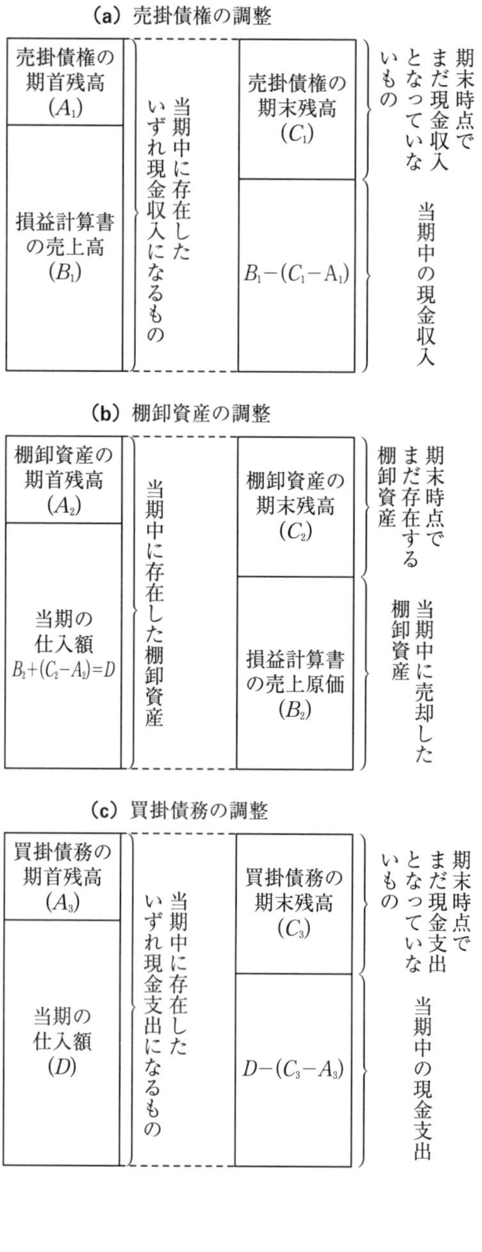

(a) 売掛債権の調整

売掛債権の期首残高 (A_1)	当期中に存在したいずれ現金収入になるもの	売掛債権の期末残高 (C_1)	} 期末時点でまだ現金収入となっていないもの
損益計算書の売上高 (B_1)		$B_1-(C_1-A_1)$	} 当期中の現金収入

(b) 棚卸資産の調整

棚卸資産の期首残高 (A_2)	当期中に存在した棚卸資産	棚卸資産の期末残高 (C_2)	} 期末時点でまだ存在する棚卸資産
当期の仕入額 $B_2+(C_2-A_2)=D$		損益計算書の売上原価 (B_2)	} 当期中に売却した棚卸資産

(c) 買掛債務の調整

買掛債務の期首残高 (A_3)	当期中に存在したいずれ現金支出になるもの	買掛債務の期末残高 (C_3)	} 期末時点でまだ現金支出となっていないもの
当期の仕入額 (D)		$D-(C_3-A_3)$	} 当期中の現金支出

形や売掛金）の残高変動に関係する。企業が商品を売り上げたとき，通常はすぐに現金が入るのではなく，いったん売掛債権が計上される。この売掛債権の残高を図5-1(a)のように，期首と期末で比較して考えてみよう。この図で，期首の売掛債権の残高（A_1）が200億円，当期の売上高（B_1）が1,000億円であるとする。このとき，当期中いずれ現金として回収されるものが全部で1,200億円存在していたことになる。そのうちの300億円が期末にまだ売掛債権（C_1）として残っているとすれば，当期の現金回収額は900億円になり，これは損益計算書の売上高（B_1）とは一致していない。したがって，損益計算書の売上高を営業上の現金収入に合わせるための調整として，（$C_1 - A_1$）すなわち売掛債権の増加額（期末残高 − 期首残高）を減算する必要がある。

次に，損益計算書における売上原価が，商品や原材料の仕入れに伴う営業上の現金支出と一致しているとは限らない。この不一致を調整する過程は，売上原価を実際の仕入額に一致させる第一の調整と，仕入額をさらに現金支出に一致させる第二の調整に分けられる。

これらを商品の仕入れを例に使って説明しよう。第一の調整は，貸借対照表上の棚卸資産（商品）の増減に関係する（図5-1(b)）。期首に，商品の在庫（A_2）が100億円分あったとすると，これに当期の仕入額を加えたものが当期以降に販売される商品の総額となる。このうち，当期に販売した500億円分は売上原価（B_2）として損益計算書に計上される。仮に期末の商品在庫（C_2）が200億円だとすると，当期中の商品の仕入額は売上原価より100億円多い600億円になる。このように，損益計算書の売上原価（B_2）に，棚卸資産の増加額（$C_2 - A_2$）を加えたものが当期の仕入額（D）になる。

第二の調整では，この仕入額を現金支出に一致させる。仕入額は，通常すぐに現金で支払われるのではなく，いったん買掛債務（支払手形や買掛金）が計上される。図5-1(c)において，期首の買掛債務の残高（A_3）が100億円だったとすると，当期中の仕入額600億円（D）を加えて，いずれ現金として支出するものが当期中に700億円存在したことになる。そのうち200億円がまだ期末に買掛債務（C_3）として残っていれば，当

期の現金支出は500億円になる。つまり，仕入額のうち買掛債務の増加額（C_3-A_3）に相当する部分はまだ現金として支出していない。こうして，営業上の現金支出は，先に第一の調整で求めた仕入額の600億円よりも100億円少なかったことになる。

以上，図5-1を使って説明したように，損益計算書における売上高や売上原価を，営業上の現金収支に調整するためには，流動資産に含まれる売掛債権と棚卸資産の増加額（期末残高 − 期首残高）を減算し，流動負債に含まれる買掛債務の増加額を加算しなければならない。これをまとめると「流動資産の増加額 − 流動負債の増加額」すなわち「（流動資産—流動負債）の増加額」を減算することになる。（流動資産—流動負債）は**正味運転資本**（Net Working Capital）と呼ばれるため，この調整は，正味運転資本の増加額を差し引くと表現される[13]。

企業の1年間のフリーキャッシュフローは，100％株主資本を想定したときの最終的な利益（税引後営業利益）に，前記のすべての調整を行うことによって求められる。これを式で表すと次のようになる。

フリーキャッシュフロー
= 税引後営業利益 + 減価償却費 − 設備投資額
− 正味運転資本の増加額　　　　　　　　　(5-5)

ところで，正味運転資本と設備資本（固定資産）を，貸借対照表の形式で表現すると**図5-2**のようになる。この図からわかるように，(5-5)式の右辺の税引後営業利益以外の部分，すなわち，（減価償却費を上回る）ネットの設備投資額と正味運転資本の増加額は，営業上の支出ではなく，企業規模（貸借対照表）を拡大するための支出である。したがって，成長途上にあり規模が拡大しつつあるような企業を評価するときには，こうした現金支出を考慮して毎年のフリーキャッシュフローを予想しなければならない。反対に，経営が安定的で規模に大きな変化が見込まれないような企業については，正味運転資本の残高に変化がなく，ネットの設備投資もゼロ（毎年，減価償却費と同額を投資して設備を維持していく）

図 5-2

正味運転資本と設備資本

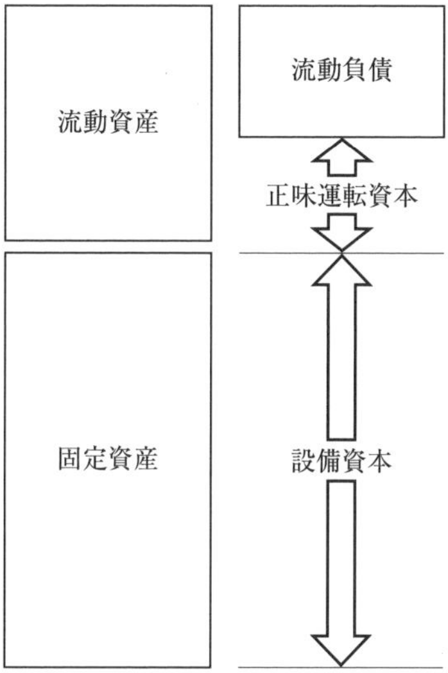
流動資産
流動負債
正味運転資本
固定資産
設備資本

と想定することができる。その場合(5-5)式から，フリーキャッシュフローの予想は税引後営業利益の予想と同額になる。

なお，実際の企業価値評価では，今後5年から10年程度の予測期間とその後の期間に分けて，フリーキャッシュフローを推計することが多い。予測期間については，事業の見通しを立ててフリーキャッシュフローを具体的に予測する。その後の期間については，予測期間の最終年のフリーキャッシュフローが永久にゼロ成長もしくは定率成長するものと想定する。後者の永久に続くフリーキャッシュフローを，予測期間の最終時点で評価したものを**継続価値**という。企業価値の評価額は，予測期間のフリーキャッシュフローの現在価値と継続価値の現在価値を足し合わせたものになる（本章の確認問題2を参照）。

本章に関連する発展的なトピックス

修正現在価値（APV）法による企業価値評価，経済付加価値（EVA）と市場付加価値（MVA）

【確認問題】

1. 経営安定期にあるA社は，以下のような経営状態が毎年永久に継続するものと予想される。現在の設備を維持するために，毎年，減価償却費と同額が設備投資にあてられ，正味運転資本の金額は不変であると想定される。負債の簿価が負債の現在価値に等しいものと仮定して，A社の企業価値を求めなさい。

    ① A社の損益に関する予測（単位：億円）

売上高	500
売上原価（減価償却費を除く）	200
販売費および一般管理費（同）	100
減価償却費	100
税引前営業利益（EBIT）	100

    ② A社の貸借対照表から得た情報
    　　負債の簿価　　1,000 億円
    ③ A社の法人税率と資本コストに関する予測

法人税率	40%
負債コスト（税引前）	5%
株主資本コスト	9%

2. B社に関する下記のデータを使って，以下の設問に答えなさい。

予測期間を5年とするB社の財務状況予測

(単位：億円)

	1年目	2年目	3年目	4年目	5年目
売上高	700	800	950	980	1,000
売上原価（減価償却費を除く）	490	560	665	685	700
販売費および一般管理費（同）	90	100	110	120	120
減価償却費	20	25	30	50	50
設備投資額	50	60	75	80	80
正味運転資本の増加額	15	12	10	8	5

法人税率　　　　　　　40％
株主資本コスト　　　　10％
負債　　　　　　　　　0円

(1) 予測期間のフリーキャッシュフローと，その現在価値（5年分の合計）を求めなさい。

(2) 6年目以降は，5年目のフリーキャッシュフローが毎年2％ずつ成長すると予想される。このとき，予測期間の最終時点（今から5年後）における6年目以降のフリーキャッシュフローの価値（継続価値）を求めなさい。また，この継続価値の現在価値を求めなさい。

(3) 予測期間のフリーキャッシュフローの現在価値（5年分の合計）と継続価値の現在価値を足して，B社の企業価値を算定しなさい。

[注]

1. 本書では，「資本」を負債資本と株主資本の両者を含む概念として，また「資本提供者」を債権者と株主の両者を含む概念として使用する。負債資本とは，事業を遂行するために企業が継続的に借り入れる有利子負債である。換言すれば，企業は負債資本と株主資本で調達した資金によって，固定資産と正味運転資本を維持する（本章の5.3節を参照）。なお，

以下本書では，負債資本を単に「負債」と表記する。
2. 本章でいう企業価値は，企業の事業がもたらす将来キャッシュフローの価値であり，事業価値と呼ばれることもある。企業が事業とは関係のない資産（非事業用資産）を所有している場合には，事業価値に非事業用資産の時価を加えたものが企業価値となる。非事業用資産の例としては，遊休不動産，売却可能な有価証券，事業遂行の観点からは過剰と考えられる現預金などがある。
3. WACC は，加重平均資本コストの英文名称 Weighted Average Cost of Capital の頭文字である。
4. 財務諸表を使った経営分析などの分野では，キャッシュフロー計算書の営業キャッシュフローと投資キャッシュフローを合計した金額（純現金収支）をフリーキャッシュフローと呼ぶことがある。これは 100％株主資本を想定したものではないので，ファイナンスの企業価値評価で使うフリーキャッシュフローとは異なるものである。
5. すぐ後の(5-4)式のところでみるように，この企業の価値を本節の方法で評価するときに，負債と株主資本の比率があらかじめ 2：1 となる必然性はない。ここでのポイントは，仮に前節で得られた結果と整合的な 2：1 という比率を負債と株主資本の比率として使ったとき，結果として得られる企業価値も前節と整合的になるということである。
6. フリーキャッシュフローは将来予想に基づく期待値なので，割引率（r_D と r_E およびそれらの加重平均としての $wacc$）も本来は期待値に対応する収益率（期待収益率）でなければならない。第 4 章でみたように，株主の要求収益率は期待収益率なので問題ない。一方，負債については，債権者の期待収益率の推定が困難であるため，借入金利や社債の約定利回りが r_D として使用される。債務不履行の可能性がある企業の借入金利や約定利回りは，一般に債権者の期待収益率よりも高くなるが，投資適格（トリプル B 以上）の格付けを持つ企業であれば，このような扱いが可能であるとされる。
7. 企業が財務レバレッジ（負債と株主資本の比率）を一定の値に保つと想定される場合には，第 4 章（4.3 節）でみたサステイナブル成長率を，フリーキャッシュフローの成長率として使用することができる。
8. この問題は，例えば上場企業の価値を評価するときに，まず $wacc$ を求めようとして，E に株式時価総額，D に負債の簿価を使用すると，この E と D の和が最終的に得られた企業価値とは一致せず，結果として，負債と株主資本のそれぞれが総資本（企業価値）に占める割合も $wacc$ 算定時の前提とは矛盾する，という形で現れる。
9. 企業に元本 1 億円を貸している債権者は，通常その債権の市場価値が 1 億円と推定されることに十分納得するであろう。より詳細にいうと，第 3 章（3.4 節）の社債の評価でみたように，企業と債権者の間で，企業の信用度にふさわしい借入金利（表面利率）が約定されていれば，約定キャッシュフローを相応の約定利回りで割り引いた負債の価値は，額面すなわち簿価と一致する。
10. 企業価値評価には，本文で挙げた方法以外に，EBIT 倍率や EBITDA 倍率を使うマルチプル法がよく使用される。これは，同業他社など類似企業の企業価値（負債＋時価総額）が EBIT（税引前営業利益）もしくは EBITDA（税引前営業利益＋減価償却費）の何倍であるかを求め，評価する企業の EBIT や EBITDA に平均的な倍率をかけて企業価値を推定する方法である。
11. EBIT は，支払利息と税金を差し引く前の利益に対する英文名称 Earnings Before Interest and Tax の頭文字である。
12. 税引後営業利益（EBIT ×（1 － 法人税率））を NOPAT（Net Operating Profit After Tax）と呼ぶこともある。
13. ここでの資本とは，事業の元手として必要なものという意味であり，工場・建物のような固定資産を設備資本と呼ぶのに対して，棚卸資産などの流動資産を運転資本と呼ぶ。また，流動資産から流動負債を引いた金額は，企業の営業上必要な正味の元手となる。

第6章 企業の設備投資決定

6.1 企業の経営目標と設備投資決定

企業は,資本をできるだけ効率的に活用し,資本提供者の富を大きくすることを期待されている。資本提供者の富を数値化したものが企業価値であるから,これを最大化することが企業の経営目標となる[1]。本章では,この目標を達成するために,企業が資金の使い道である**設備投資**をどのように決定すべきかを考察する。企業価値の最大化という目標に照らせば,あるプロジェクト(投資案)を実行すべきかどうかは,それを実行することによって企業価値が増加するか否かで決まる。つまり,プロジェクトにかかわるすべてのキャッシュフローの現在価値を合計したものが正であれば,そのプロジェクトは採択される。

図 6-1(a)に示したように,現在の企業価値は,将来にわたるフリーキャッシュフロー(FCF)を加重平均資本コスト(WACC)で割り引いた現在価値である。今,ある3年間のプロジェクトが検討されているとしよう。このプロジェクトは,初期投資として現金 C_0 円の支出を直ちに必要とする一方,1年目から3年目までの3年間にそれぞれ,C_1, C_2, C_3 円のフリーキャッシュフローをもたらすものと予想される。

図 6-1**(b)**には,このプロジェクトが追加的にもたらすフリーキャッ

図 6-1
企業の設備投資と企業価値

(a) プロジェクトの実行を決定する前の企業価値

(b) プロジェクトの実行を決定した後の企業価値

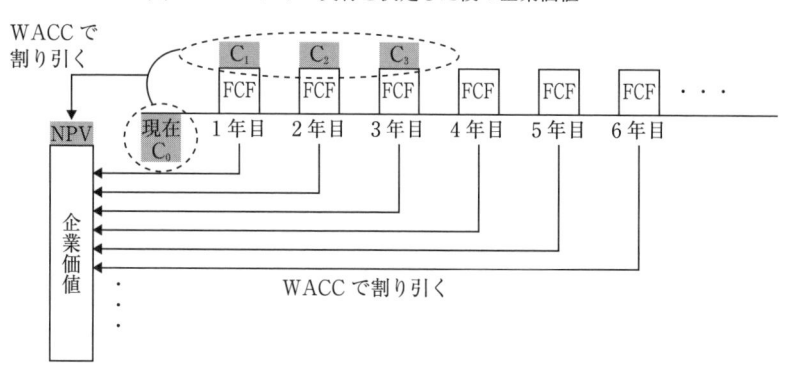

シュフローの予測が網掛けで示されている。この追加的なフリーキャッシュフローを加重平均資本コストで割り引いた現在価値が正であれば，このプロジェクトの採択によって企業価値が増加する。反対に負であれば，プロジェクトを採択すると企業価値が減少してしまう。追加的なフリーキャッシュフローの現在価値は，

$$C_0 + \frac{C_1}{1+wacc} + \frac{C_2}{(1+wacc)^2} + \frac{C_3}{(1+wacc)^3}$$

である。このようにして計算するフリーキャッシュフローの現在価値を，プロジェクトの**正味現在価値**もしくは **NPV** という[2]。これはまさに，将来キャッシュフローを要求収益率で割り引くという評価の基本原理を，ひとつのプロジェクトに適用したものである。

プロジェクトの期間を一般的に n 年とすれば，正味現在価値 NPV の算出方法は次のようになる。

$$NPV = C_0 + \frac{C_1}{1+wacc} + \frac{C_2}{(1+wacc)^2} + \frac{C_3}{(1+wacc)^3} + \cdots + \frac{C_n}{(1+wacc)^n}$$

割引率として使用される加重平均資本コストは，第5章でみたように，税引後の負債コストと株主資本コストを，負債と株主資本の比率をウエイトとして加重平均したものである[3]。また，フリーキャッシュフロー（C_0, C_1, C_2, C_3, ……, C_n）も同様に，株主資本100％を想定した税引後のキャッシュフローである。このうち C_0 は初期投資であり，通常は負の値になる。また，店舗や工場などを新設もしくは拡張するプロジェクトでは，設備投資額だけでなく，商品や原材料といった正味運転資本への投資額が C_0 に含まれることも多い。

前述のように，企業は，企業価値を最大化するという目標に照らして，正味現在価値が正であればプロジェクトを採択し，負であればプロジェクトを棄却する。いくつかのプロジェクトの中からひとつだけを選ぶような場合には，正味現在価値が最大のものを採択する。

6.2 設備投資決定の具体例

具体例を使って，正味現在価値による設備投資決定を考えてみよう。今，X社は現在の事業を拡張する3年間のプロジェクトを実行すべきか

どうか検討している．このプロジェクトを採択した場合には，直ちに3,000万円の設備投資が行われる．この設備の耐用年数は3年間，残存価格は0円であり，減価償却は定額法によって行われる（減価償却費が毎年1,000万円となる）．このプロジェクトが実行されれば，今後3年間にわたり，1年あたりの売上高が1億円，売上原価（減価償却費を除く）が6,000万円，販売費および一般管理費（同）が2,000万円それぞれ現在よりも増加すると予想される．また，この設備投資を行う場合には，3年間を通じて，棚卸資産を現在よりも1,000万円積み上げる必要がある．3年後のプロジェクト終了時には，積み上げた棚卸資産を使い切るので，棚卸資産の残高は現在の水準に戻る．なお，X社の仕入れおよび販売は現金で行われるため，棚卸資産以外の流動資産や流動負債はこのプロジェクトによって変化しない．X社の法人税率は40％，加重平均資本コストは10％である．X社はこのプロジェクトを実行すべきだろうか．

まず，このプロジェクトがもたらすフリーキャッシュフローを予測しよう．C_0 は，設備投資額と棚卸資産への投資額を合わせた $-4,000$万円となる．株主資本100％を想定すると，このプロジェクトは3年間にわたって毎年以下の損益をもたらすものと予想される．

(単位：万円)

売上高	10,000
売上原価（減価償却費を除く）	6,000
販売費および一般管理費（同）	2,000
減価償却費	1,000
税引前営業利益（EBIT）	1,000
法人税（税率40％）	400
税引後営業利益	600

1年目と2年目は，初期投資時に積み上げた棚卸資産を維持するので，正味運転資本の増加額は0円である．3年目は，積み上げた棚卸資産を

使い切るので，正味運転資本の増加額は $-1,000$ 万円となる。フリーキャッシュフローの定義は，

フリーキャッシュフロー
  ＝ 税引後営業利益 ＋ 減価償却費 － 設備投資額
   － 正味運転資本の増加額　　　　　　　((5-5)式再掲)

であるから，上の数字をこの式に当てはめれば，1年目から3年目までのフリーキャッシュフロー（C_1, C_2, C_3）の予測値が得られる。

$$C_1 = 600 + 1{,}000 - 0 - 0 = 1{,}600 \text{ (万円)}$$
$$C_2 = 600 + 1{,}000 - 0 - 0 = 1{,}600 \text{ (万円)}$$
$$C_3 = 600 + 1{,}000 - 0 - (-1{,}000) = 2{,}600 \text{ (万円)}$$

プロジェクトの正味現在価値 NPV は，C_0 を含むすべてのフリーキャッシュフローを，加重平均資本コストの10％で割り引いたものであるから，

$$\begin{aligned}
NPV &= C_0 + \frac{C_1}{1+wacc} + \frac{C_2}{(1+wacc)^2} + \frac{C_3}{(1+wacc)^3} \\
&= -4{,}000 + \frac{1{,}600}{1.1} + \frac{1{,}600}{(1.1)^2} + \frac{2{,}600}{(1.1)^3} \\
&= -4{,}000 + 1{,}454.55 + 1{,}322.31 + 1{,}953.42 \\
&= 730.28 \text{ (万円)}
\end{aligned}$$

となる。正味現在価値が正であるから，X社はこのプロジェクトを採択すべきである。またその場合には，X社の企業価値が730.28万円増加すると予想される。

本章に関連する発展的なトピックス

内部収益率（IRR）法，回収期間法，収益性インデックス

確認問題

次のデータを使って，Y社が下記のプロジェクトを採択すべきかどうか答えなさい。

① Y社の資本コストに関するデータ

無リスク利子率	2％
市場リスクプレミアム	5％
Y社株式のベータ値	1.2
Y社の負債の借入金利（税引前）	4％
Y社の法人税率	40％
Y社の負債と株主資本の比率	1：1

（負債の簿価と株式時価総額から計算された値）

② プロジェクトに関する予測

プロジェクトの期間	5年
設備の初期投資額	5,000万円

（耐用年数5年，残存価格0円の定額法により減価償却される）

必要となる正味運転資本　　　1,000万円

（設備投資と同時に必要となり，プロジェクト終了時には不要となる）

プロジェクトがもたらす1年間の売上高　3,000万円（5年間同額）
プロジェクトがもたらす1年間の売上原価（減価償却費を除く）
　　　　　　　　　　　　　　　　　　　1,000万円（5年間同額）
プロジェクトがもたらす1年間の販売費および一般管理費（同）
　　　　　　　　　　　　　　　　　　　500万円（5年間同額）

[注]

1. 負債はキャッシュフローが約定で定められており価値が固定的であるため，資本提供者のうち株主だけの利益を考える場合でも，企業価値の最大化を企業の経営目標と考えてよい。また，企業が余剰現金などの非事業用資産を保有するときに，これを企業が保有しても株主に配分しても株主の富は基本的に同じである（詳細は第7章（7.7節）を参照）。したがって，非事業用資産を積み上げて企業価値を増やしても株主の利益にはならない。この点を明確にするために，企業の経営目標を事業価値の最大化と表現してもよい。
2. NPV は，正味現在価値の英文名称 Net Present Value の頭文字である。
3. 上場企業の場合，設備投資の意思決定に使う加重平均資本コストについては，現在の負債の簿価を D，株式時価総額を E として算定した比率（もしくは，それに近い経営上の目標比率）をウエイトとして使用するのが一般的である。この比率を変更する場合の調整については，第7章（第7.6節）を参照されたい。なお，株主資本コストの計算に使用されるベータ値は，その企業が現在手がけている事業のリスクを反映している。したがって，現在の加重平均資本コストで正しく評価できるプロジェクトは，現在の事業と同種のものに限られる。プロジェクトが新しい事業である場合には，その事業を専業としている企業の平均的なベータ値（産業ベータ）が使用される。産業ベータの詳細については第13章（13.4節の注12）を参照されたい。

第7章 企業の資本構成と企業価値

7.1 資本構成とは

　企業の経営目標は企業価値の最大化であり，その目標に沿った設備投資の決定は正味現在価値を用いて行われることを前章で学んだ。これに対して本章では，企業価値を最大化するような資金調達のあり方を検討する。

　前章を市場価値ベースでみた貸借対照表の左側に関する意思決定とすれば，本章はその右側に関する意思決定となる。企業の負債と株主資本の比率を**資本構成**と呼ぶが，資本構成によって企業価値が変わるのであれば，企業の目的に照らして，企業価値が最大となるような資本構成を選ぶべきである。

　この問題に対して非常に影響力のある分析を行ったのは，モジリアーニとミラーという2人のノーベル賞経済学者である。本章では，彼ら（以下MMと表記する）の理論に従って，資本構成と企業価値の関係を考察する。

7.2 法人税がない場合の資本構成と企業価値

　MMの分析は，取引コストがなく，正確な情報が行き渡っていて，証券を市場価格で自由に売買できる完全な資本市場を前提としているので，まずは，法人税も存在しないものと仮定される。MMの議論は2つの企業を使って展開される。一方は，借り入れのない (unlevered) 企業であり，これをU社とする。他方は，借り入れのある (levered) 企業であり，これをL社とする。この2社は，資本構成以外の点では全く同一であると想定する。したがって，2社の営業利益は常に同額であり，その期待値は毎年一定の $\overline{X}$ 円であると仮定する[1]。2社とも規模の拡大はしないことから，営業利益がそのままフリーキャッシュフローとなり，これはすべて資本提供者に配分される。さらに，すべての企業と投資家が金利 r_D で資金を自由に借りることができると想定する。

　U社の企業価値（＝株主価値）を V_U と表記し，L社の企業価値を V_L，株主資本の価値を E，負債の価値を D と表記する。定義により $V_L = E + D$ である。以上のような想定のもとで，投資家の投資戦略として次の2つを比較する。

　　投資戦略[1]　U社の株式を，持ち分比率 α で保有する。
　　投資戦略[2]　L社の株式と負債を，それぞれ持ち分比率 α で保有する。

　持ち分比率 α の値は $0 \leq \alpha \leq 1$ であり，たとえば，$\alpha = 0.1$ であれば，各証券について発行総数の1割を保有することを意味する。この2つの投資戦略における投資金額と毎年のキャッシュフローは次表のようになる。この表では，両社で同額となる毎年の営業利益を X としている。

	投資金額	毎年のキャッシュフロー
投資戦略[1]	$\alpha \cdot V_U$	$\alpha \cdot X$
投資戦略[2]	$\alpha \cdot E + \alpha \cdot D = \alpha \cdot V_L$	$\alpha(X - r_D \cdot D) + \alpha \cdot r_D \cdot D = \alpha \cdot X$

　借り入れのないU社は株主資本の価値と企業価値が同じであるから，投資戦略[1]に必要となる投資金額は$\alpha \cdot V_U$円である。また，投資戦略[1]がもたらす毎年のキャッシュフローは，U社の営業利益X円のα分，すなわち$\alpha \cdot X$円となる。

　一方，投資戦略[2]は，L社の株式Eと負債Dのそれぞれをα分ずつ保有するので，投資金額は$\alpha \cdot E + \alpha \cdot D = \alpha \cdot V_L$円になる。L社は，負債の金額に金利をかけた$r_D \cdot D$円を利息として債権者に支払うので，株主に配当可能な金額は$(X - r_D \cdot D)$円となる。したがって，投資戦略[2]のうち，L社の負債への投資がもたらすキャッシュフローは$\alpha \cdot r_D \cdot D$円，L社の株式への投資がもたらすキャッシュフローは$\alpha(X - r_D \cdot D)$円になる。これらを合わせると，投資戦略[2]がもたらす毎年のキャッシュフローは，上の表のように$\alpha \cdot X$円となる。

　2つの投資戦略は，毎年のキャッシュフローが一致している以上，現時点での投資金額も同じでなければならない。そこで，$\alpha V_U = \alpha V_L$となり，

$$V_U = V_L \qquad (7\text{-}1)$$

【法人税がない場合のMMの第1命題】

が成立する[2]。この式は，借り入れのない企業と借り入れのある企業で企業価値が同じになること，換言すれば，資本構成は企業価値と関係がないことを意味する。式に記したように，この(7-1)式は，**法人税がない場合のMMの第1命題**と呼ばれている。

　この第1命題の意味を，企業の資本コストという観点から考えてみよう。第5章で学んだように，企業価値はフリーキャッシュフローの期待

値を加重平均資本コスト（WACC）で割り引いたものである。フリーキャッシュフローの期待値は，U社，L社ともに $\overline{X}$ であるから，上の第1命題は，資本構成によってWACCが変化しないことを意味する。これを図に示すと，**図7-1**のようになる。この図の横軸は，企業の負債の利用度（財務レバレッジ）を，負債を株主資本で割った値（**D/Eレシオ**）で示している。D/Eレシオが0のときの縦軸上の値は，借り入れのないU社の株主資本コスト（＝WACC）であり，これを r_U と表記する。図の横軸には，ひとつの目安としてD/Eレシオが1，すなわち負債と株主資本が1：1となる場所を示しているが，この場合のWACCも，上の命題から当然 r_U と同じである。

負債は株式よりもリスクが小さいので，負債の金利 r_D は通常，株主の要求収益率（株主資本コスト）よりも低い。それにもかかわらず負債の利用によってWACCが低下しないのは，財務レバレッジとともに株主資本コストが上昇するからである。このことを以下に示そう。

図7-1

法人税がない場合の財務レバレッジと加重平均資本コストの関係

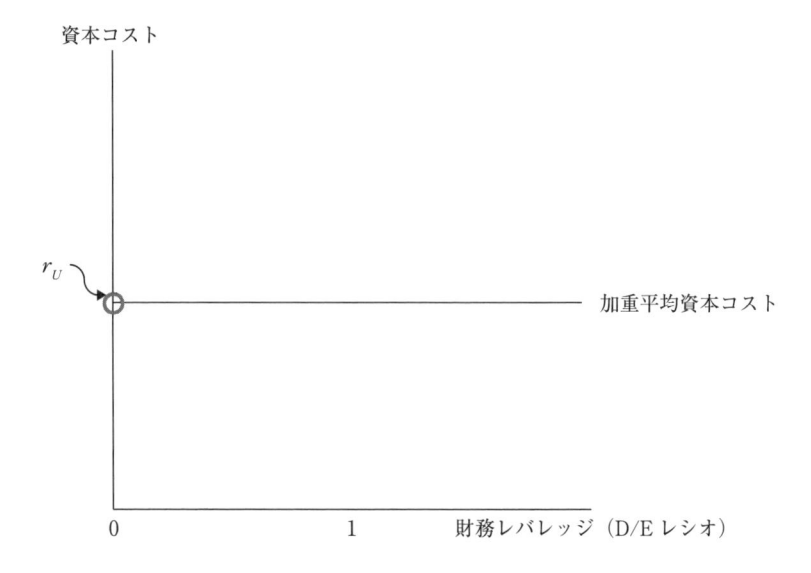

株主に帰属するキャッシュフローの期待値を株主資本コストで割り引いたものが株主資本の価値である。したがって，借り入れのないU社については，将来キャッシュフローの期待値 $\overline{X}$，株主資本コスト r_U，企業価値（＝株主資本の価値）V_U の関係は，ゼロ成長モデルを用いて，

$$V_U = \frac{\overline{X}}{r_U} \tag{7-2}$$

となる。第1命題で示された $V_U = V_L$ と，L社の企業価値の定義 $V_L = E + D$ を用いて，この(7-2)式を次のように変形することができる。

$$E + D = \frac{\overline{X}}{r_U} \quad \text{より，}$$
$$\overline{X} = r_U (E + D) \tag{7-3}$$

一方，L社の株主資本の価値も，株主に帰属するキャッシュフローの期待値を，株主資本コストで割り引いたものであるから，

$$E = \frac{\overline{X} - r_D \cdot D}{r_E}$$

である。これより，L社の株主資本コストは，

$$r_E = \frac{\overline{X} - r_D \cdot D}{E}$$

となる。この式の $\overline{X}$ に(7-3)式を代入して整理すると，

$$r_E = \frac{r_U(E+D) - r_D \cdot D}{E}$$

$$= \frac{r_U \cdot E + r_U \cdot D - r_D \cdot D}{E}$$

$$= r_U + (r_U - r_D)\frac{D}{E} \tag{7-4}$$

【法人税がない場合の MM の第 2 命題】

となる。

　この(7-4)式は，株主資本コスト r_E が財務レバレッジ（D/E レシオ）に比例して大きくなることを意味しており，式に記したように，**法人税がない場合の MM の第 2 命題**と呼ばれている。このように，株主資本コストが財務レバレッジに比例して大きくなる背景には，財務レバレッジを大きくするほど，負債の利息という固定的な支払いが増加するため，株主にとっての投資リスク（株主資本利益率の振れ幅）が増大するという実際的な理由が存在する。この増大するリスクに見合うように，株主は高い収益率を要求することになる[3]。

　先の図 7-1 に，株主資本コスト r_E と負債コスト r_D を書き加えると**図7-2** になる。財務レバレッジが大きくなるにつれて，コストの低い負債の割合が高くなるが，株主資本コストが上昇するため WACC が一定の値に維持される。

　なお，本節では，法人税が存在しないと仮定しているので，借り入れのある企業の加重平均資本コスト $wacc$ は，

$$wacc = \frac{D}{V_L}r_D + \frac{E}{V_L}r_E$$

である。この式の r_E に第 2 命題の(7-4)式を代入すると，

図 7-2
法人税がない場合の財務レバレッジと資本コストの関係

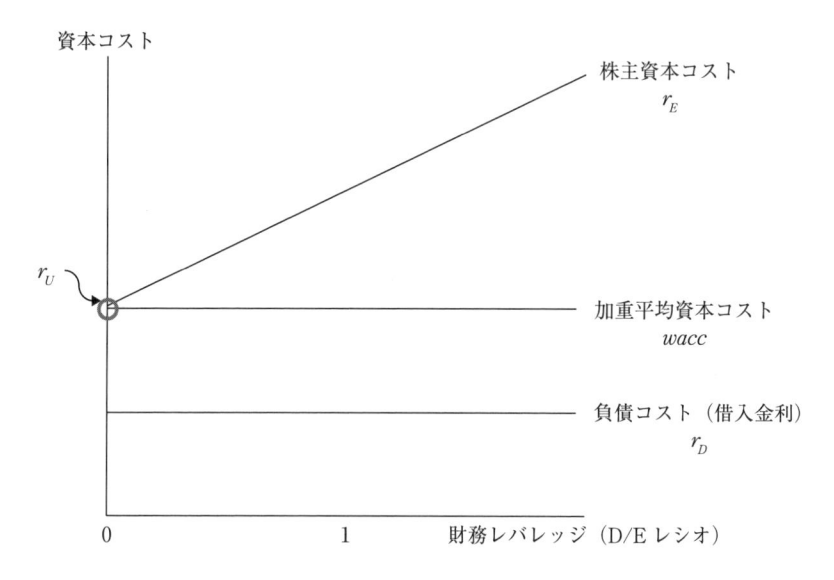

（縦軸：資本コスト、横軸：財務レバレッジ（D/E レシオ））
- r_U：資本コスト
- 株主資本コスト r_E（右上がり）
- 加重平均資本コスト wacc（水平）
- 負債コスト（借入金利） r_D（水平）

$$wacc = \frac{D}{V_L}r_D + \frac{E}{V_L}\left\{r_U + (r_U - r_D)\frac{D}{E}\right\}$$

$$= \left(\frac{E}{V_L} + \frac{D}{V_L}\right)r_U$$

$$= \left(\frac{E+D}{V_L}\right)r_U$$

$$= r_U$$

となり，加重平均資本コストが財務レバレッジに関係なく r_U であることを確認できる。

7.3 法人税がある場合の資本構成と企業価値

本節では，法人税が存在するものとして，前節と同様の分析を行う。

企業の利払い後の利益に対して税率 t で法人税が課税される点を除いて，設定は前節と全く同じである。本節でも，資本構成以外の点では全く同一である U 社と L 社を想定して，次の 2 つの投資戦略を比較する。

投資戦略[1]　U 社の株式を，持ち分比率 α で保有する。
投資戦略[2]　L 社の株式を，持ち分比率 α で保有し，L 社の負債を，持ち分比率 $\alpha(1-t)$ で保有する。

	投資金額	毎年のキャッシュフロー
投資戦略[1]	$\alpha \cdot V_U$	$\alpha(1-t)X$
投資戦略[2]	$\alpha \cdot E + \alpha(1-t)D$	$\alpha(1-t)(X - r_D \cdot D) + \alpha(1-t)r_D \cdot D = \alpha(1-t)X$

投資戦略[1]がもたらす毎年のキャッシュフローは，U 社の税引後利益の α 分である。投資戦略[2]がもたらす毎年のキャッシュフローは，L 社の税引後利益の α 分と，L 社の支払利息の $\alpha(1-t)$ 分を合わせたものである。

上の表のように，2 つの投資戦略は全く同じキャッシュフローをもたらすので，現時点での投資金額も同じでなければならない。したがって，$\alpha \cdot V_U = \alpha \cdot E + \alpha(1-t)D$ であるから，

$$V_U = E + (1-t)D$$
$$= E + D - t \cdot D$$
$$= V_L - t \cdot D$$

よって，

$$V_L = V_U + t \cdot D \tag{7-5}$$

【法人税がある場合の MM の第 1 命題】

となる[4]。この式は，法人税がある場合には，企業が負債を利用するほど企業価値が大きくなることを意味している。式に記したように，この

(7-5)式は，**法人税がある場合の MM の第 1 命題**と呼ばれている。この式の $t \cdot D$ は，負債がもたらす節税効果の価値であり，これは負債の額に比例して増加する[5]。

次に，前節で扱った第 2 命題に対応するもの，すなわち財務レバレッジ（D/E レシオ）と株主資本コストの関係を導こう。借り入れのない U 社については，フリーキャッシュフローの期待値 $(1-t)\overline{X}$，株主資本コスト（＝ WACC）r_U，企業価値（＝ 株主資本の価値）V_U の関係は，ゼロ成長モデルから，

$$V_U = \frac{(1-t)\overline{X}}{r_U} \qquad (7\text{-}6)$$

となる。先の第 1 命題の(7-5)式を移項した $V_U = V_L - t \cdot D$ と，L 社の企業価値の定義 $V_L = E + D$ を用いて，この(7-6)式を次のように変形することができる。

$$(E+D) - t \cdot D = \frac{(1-t)\overline{X}}{r_U} \quad \text{より,}$$

$$(1-t)\overline{X} = r_U \{E + (1-t)D\} \qquad (7\text{-}7)$$

L 社についても，株主資本の価値は，株主に帰属するキャッシュフローの期待値を，株主資本コストで割り引いたものであるから，

$$E = \frac{(1-t)(\overline{X} - r_D \cdot D)}{r_E}$$

である。これより，L 社の株主資本コストは，

$$r_E = \frac{(1-t)(\overline{X} - r_D \cdot D)}{E}$$

$$= \frac{(1-t)\overline{X} - (1-t)r_D \cdot D}{E}$$

となる。この式の $(1-t)\overline{X}$ に (7-7) 式を代入して整理すると，

$$r_E = \frac{r_U\{E + (1-t)D\} - (1-t)r_D \cdot D}{E}$$

$$= \frac{r_U \cdot E + (1-t)(r_U - r_D)D}{E}$$

$$= r_U + (1-t)(r_U - r_D)\frac{D}{E} \qquad (7\text{-}8)$$

【法人税がある場合の MM の第2命題】

となる。式に記したように，この (7-8) 式が，**法人税がある場合の MM の第2命題**である。法人税がある場合も，株主資本コストは D/E レシオに比例して上昇する。ただし，比例定数に $(1-t)$ がかけられているので，法人税がない場合の第2命題 ((7-4) 式) に比べると傾きが小さい。

最後に，法人税がある場合の D/E レシオと WACC の関係を分析しよう。法人税がある場合のフリーキャッシュフローの期待値は，U 社，L 社ともに $(1-t)\overline{X}$ である。したがって，負債の利用によって企業価値が上昇するという第1命題 ((7-5) 式) は，財務レバレッジが大きくなると WACC が低下することを意味する。この関係は以下の式で得られる。

法人税がある場合の加重平均資本コスト $wacc$ は，

$$wacc = \frac{D}{V_L}(1-t)r_D + \frac{E}{V_L}r_E$$

である。この式の r_E に，法人税がある場合の MM の第2命題の式を代入すると，

$$wacc = \frac{D}{V_L}(1-t)r_D + \frac{E}{V_L}\left\{r_U + (1-t)(r_U - r_D)\frac{D}{E}\right\}$$

$$= r_U\left\{\frac{E}{V_L} + (1-t)\frac{D}{V_L}\right\}$$

$$= r_U\left\{\frac{E + (1-t)D}{V_L}\right\}$$

$$= r_U\left(1 - t\frac{D}{V_L}\right)$$

ここで，$\dfrac{D}{V_L} = \dfrac{D}{E+D} = \dfrac{\dfrac{D}{E}}{1+\dfrac{D}{E}}$ を用いると，

$$wacc = r_U\left\{1 - t\left(\frac{\dfrac{D}{E}}{1+\dfrac{D}{E}}\right)\right\} \tag{7-9}$$

となる。

以上のようなD/Eレシオと資本コストとの関係を図に示すと，図

図 7-3
法人税がある場合の財務レバレッジと資本コストの関係

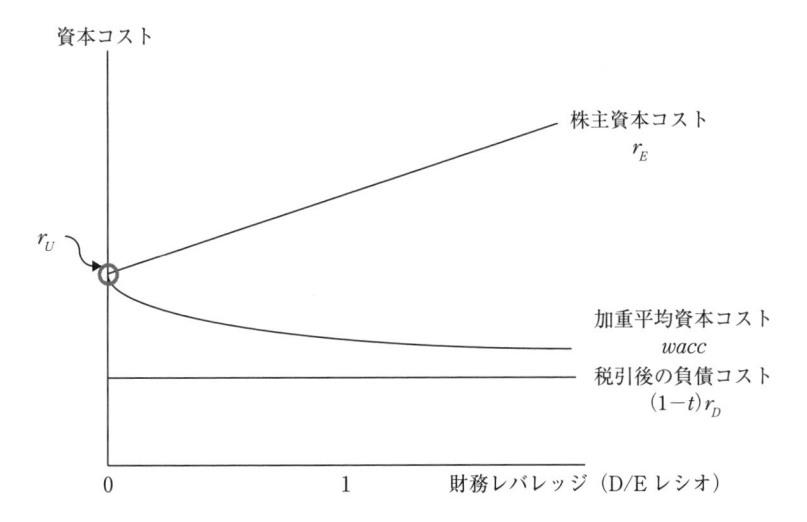

7-3のようになる。D/Eレシオと株主資本コストの関係（(7-8)式）は（法人税がない場合よりも緩やかな傾きを持つ）右上がりの直線である。D/EレシオとWACCの間にある(7-9)式の関係は，この図に描かれているような右下がりの曲線になる。

前節と本節にわたって，資本構成に関するMMの分析をみてきたが，法人税がない場合とある場合を対比させる形で，これらの結果を次の表に整理しておこう。

	法人税がない場合	法人税がある場合
負債と企業価値の関係（第1命題）	$V_L = V_U$ 企業価値は負債の利用とは無関係である。	$V_L = V_U + t \cdot D$ 企業価値は負債の利用によって増加する。
財務レバレッジと株主資本コストの関係（第2命題）	$r_E = r_U + (r_U - r_D)\dfrac{D}{E}$ 株主資本コストはD/Eレシオに比例して上昇する。	$r_E = r_U + (1-t)(r_U - r_D)\dfrac{D}{E}$ 株主資本コストはD/Eレシオに比例して上昇する。
財務レバレッジと加重平均資本コスト（WACC）の関係	$wacc = r_U$ WACCはD/Eレシオとは無関係である。	$wacc = r_U\left\{1 - t\left(\dfrac{\dfrac{D}{E}}{1+\dfrac{D}{E}}\right)\right\}$ WACCはD/Eレシオとともに曲線的に低下する。

7.4　トレードオフ理論による最適な資本構成

法人税は実際に存在するので，前節の分析によれば，負債を利用して財務レバレッジを大きくすればするほど，企業価値が高まることになる。しかし現実には，極端に大きな財務レバレッジを意図的に持つ企業はほとんど存在しない。これは，MMが想定していなかった**財務的困難のコスト**という要因によるものと考えられる。負債を利用すればするほど企業が倒産する可能性が大きくなるが，それによって企業価値の低下（コスト）が生じることは想像に難くない。企業が倒産するか，もしくは倒産する可能性が高くなれば，具体的に次のようなコストが発生する。

図 7-4
トレードオフ理論による最適な資本構成

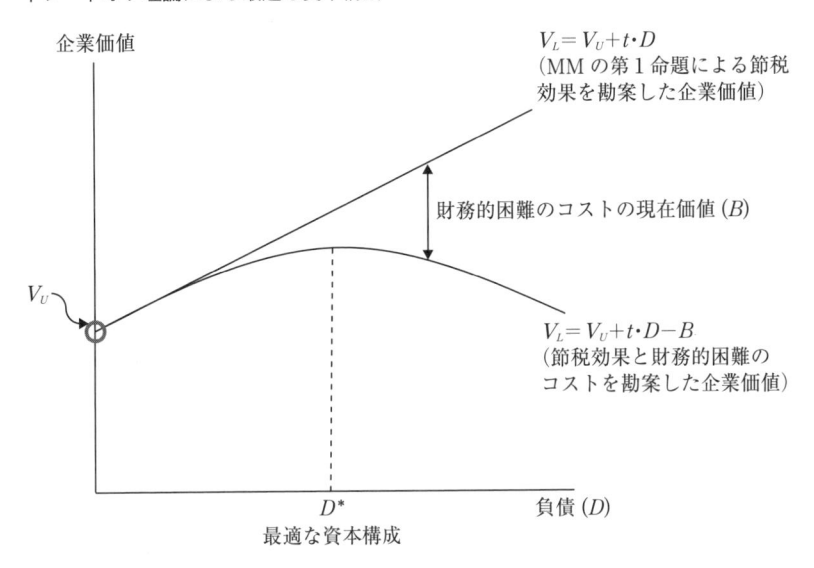

```
企業価値
              V_L = V_U + t·D
              （MMの第1命題による節税
               効果を勘案した企業価値）

              ↕ 財務的困難のコストの現在価値(B)

V_U
              V_L = V_U + t·D − B
              （節税効果と財務的困難の
               コストを勘案した企業価値）

        D*                        負債(D)
   最適な資本構成
```

　まず，企業が実際に倒産した場合，倒産手続のための裁判費用や弁護士費用などが必要となる。これらは直接的な倒産コストと呼ばれる。また，法的な倒産に至らなくても，財務的に困難な状況に陥れば，顧客や納入業者の取引離れや人材の流出を招き，事業の遂行が困難になる。このような事情から生じる損失は，間接的な倒産コストと呼ばれる。さらに，株主資本に対して大きな負債を抱える企業は，一か八かの賭けに出る可能性がある。通常このような賭けは企業価値を低下させるので，企業が賭けに出るという市場の予想が強まれば，企業価値はそれだけ低く評価されることになる[6]。

　負債の利用に，節税効果の便益と財務的困難のコストが伴う場合，この2つのバランスをとることで企業価値を大きくすることができる。**図7-4**は，MMの第1命題をベースにしてこれを表している（この図の横軸は負債，縦軸は企業価値である）。法人税がある場合のMMの第1命題（$V_L = V_U + t·D$）によれば，負債Dの増加に比例して企業価値が大きくなる。ここにMMが想定していなかった財務的困難のコストを導入し，

その現在価値を B とすると，企業価値は $V_L = V_U + t \cdot D - B$ となる。財務的困難のコストが，負債の利用とともに加速度的に増大するとすれば，ある点（図の D^*）を超えて負債を増加させると，企業価値の低下を招くことになる。このように，負債の持つ便益とコストのバランスによって最適な資本構成を導く理論を，**トレードオフ理論**という[7]。トレードオフ理論は，現実の企業が財務レバレッジを極端に大きくしないことを説明する代表的な理論である。

7.5 資本構成の変更と株主の富

　企業価値の最大化が企業の経営目標とされるのは，それによって株主の富が増加するからである。資本構成の変更によって企業価値が増加すれば，正の正味現在価値を持つプロジェクトを採択するのと同じように，株主の富が増加することになる。本節では，数値例を使ってこれを確認しよう。

　現在100％株主資本で経営されているA社がある。A社の企業価値（＝株主資本の価値）は8,000億円であり，発行済株式数は10億株である（**表A**の第①列を参照）。A社が今4,000億円の負債を発行し，その資金を使って株式を買い戻すと発表したとしよう。4,000億円の負債の利用に伴う財務的困難のコスト（現在価値）が100億円であるとすれば，この資本構成の変更によって，企業価値は次のようになる（法人税率は40％とする）。

$$
\begin{aligned}
V_L &= V_U + t \cdot D - B \\
&= 8{,}000 + 0.4 \times 4{,}000 - 100 \\
&= 9{,}500 \text{（億円）}
\end{aligned}
$$

　A社の発表と同時に，A社の市場評価には資本構成変更の影響が反映される。これは，正の正味現在価値を持つプロジェクトの採択を発表し

た場合と同じである。そこでA社の株価は，

$$9,500億円 \div 10億株 = 950円$$

となる（表Aの第②列を参照）[8]。実際にA社が4,000億円を借り入れて，1株950円で株式を買い戻すとき，買い戻される株式の数は，

$$4,000億円 \div 950円 = 4.211億株$$

であり，発行済株式数は（10億 － 4.211億 =）5.789億株に減少する。新たな株主資本の価値は，9,500億円の企業価値から負債の価値4,000億円を引いた5,500億円となるので，資本構成変更後の株価は，

$$5,500億円 \div 5.789億株 = 950円$$

になる（表Aの第③列を参照）。

　この資本構成の変更によって，A社の株主は，買い戻しに応じれば1株につき950円の現金を手に入れ，買い戻しに応じなければ保有株式の価値が1株950円に上昇する。いずれにしても，株主の富は，買い戻しの発表前に比べて，1株あたり150円増加する。このように，企業価値

表A　　　　　　　　　　　　　　　　　　　　　　　　　　　　　（単位：億円，億株）

	①資本構成変更の発表前	②4,000億円の借り入れによる資本構成変更の発表時	③資本構成変更後
負債（D）	0	0	4,000
節税効果の価値（$t \cdot D$）	0	1,600	1,600
財務的困難のコストの価値（B）	0	100	100
企業価値（$V = V_U + t \cdot D - B$）	8,000	9,500	9,500
株主資本の価値（$E = V - D$）	8,000	9,500	5,500
発行済株式数（N）	10	10	5.789
1株あたりの株価（E/N）	800円	950円	950円

を大きくする資本構成の変更には，すべての株主の富を増加させる効果がある。

　A社が，もっと多くの負債を発行することを想定してみよう。具体的には，借り入れのない状態にあるA社が，上のケースよりも多額な7,000億円の負債を発行し，その資金を使って株式を買い戻すと発表したとする。7,000億円の負債の利用に伴う財務的困難のコスト（現在価値）が2,000億円であるとすると，この資本構成変更の影響は，**表B**のようになる。

表B

(単位：億円，億株)

	①資本構成変更の発表前	②7,000億円の借り入れによる資本構成変更の発表時	③資本構成変更後
負債（D）	0	0	7,000
節税効果の価値（$t \cdot D$）	0	2,800	2,800
財務的困難のコストの価値（B）	0	2,000	2,000
企業価値（$V = V_U + t \cdot D - B$）	8,000	8,800	8,800
株主資本の価値（$E = V - D$）	8,000	8,800	1,800
発行済株式数（N）	10	10	2.045
1株あたりの株価（E/N）	800円	880円	880円

　この場合，先の4,000億円の負債発行に比べると，企業価値の増加は小幅であり，株主の富の増加も1株あたり80円にとどまる。つまり，この7,000億円の負債発行は，最適な量を超えるものであり，4,000億円の負債発行と比べた場合，正味現在価値がより小さいプロジェクトを採択するのと同じ効果をもたらす。

7.6　D/Eレシオの変更と資本コスト

　法人税がある場合のMMの分析によれば，D/Eレシオの変更は，企

業の加重平均資本コストに影響を及ぼす。したがって，企業がD/Eレシオを変更すれば，プロジェクトの正味現在価値が変わる。また，企業買収を行う者が，買収後にD/Eレシオを変更する場合，これによって買収先の加重平均資本コストや企業価値が変化する。そこで本節では，D/Eレシオの変更に伴って，資本コストがどのように変化するのかを検討しよう。なお，以下の分析は，MMのフレームワーク（図7-3）を使用することから，財務的困難のコストが事実上無視できる範囲内でのD/Eレシオの変更に関するものとなる。

　ある企業が，D/Eレシオを現在の1/2から1に引き上げるケースを例に考えよう。この企業の現在の株主資本コストが10％，負債コスト（税引前）が5％，法人税率が40％であるとすれば，現在の加重平均資本コスト $wacc$ は，

$$\begin{aligned} wacc &= \frac{D}{V}(1-t)r_D + \frac{E}{V}r_E \\ &= \frac{1}{3} \times (1-0.4) \times 5\% + \frac{2}{3} \times 10\% \\ &= 1\% + 6.67\% \\ &= 7.67\% \end{aligned}$$

である。

　まず，この企業が負債を利用しないと想定したときの株主資本コスト r_U を求めよう。法人税がある場合のMMの第2命題の式は，

$$r_E = r_U + (1-t)(r_U - r_D)\frac{D}{E}$$

であるから，この式の r_U 以外に，この企業の現在の数値を代入して，r_U を求めることができる。

$$10\% = r_U + (1-0.4)(r_U - 5\%)\frac{1}{2}$$

$$1.3 r_U = 11.5\%$$

$$r_U = 8.85\%$$

次に、もう一度MMの第2命題を使って、新たなレバレッジ（D/Eレシオ = 1）のもとでの株主資本コスト r'_E を推定する（負債コストは5%のままと仮定する）。

$$r'_E = r_U + (1-t)(r_U - r_D)\frac{D}{E}$$
$$= 8.85\% + (1-0.4)(8.85\% - 5\%) \times 1$$
$$= 11.16\%$$

この r'_E を使って、新たな加重平均資本コスト $wacc'$ が次のように推定される。

$$wacc' = \frac{D}{V}(1-t)r_D + \frac{E}{V}r'_E$$
$$= \frac{1}{2} \times (1-0.4) \times 5\% + \frac{1}{2} \times 11.16\%$$
$$= 1.5\% + 5.58\%$$
$$= 7.08\%$$

このように、MMのフレームワークを使って、D/Eレシオの変更に伴う資本コストの変化を推定することができる[9]。

本節の方法は、現在他社が行っている事業に、その他社とは異なるD/Eレシオで参入する場合にも利用できる。その場合には、他社に関する現在の情報から求めた r_U を、当該事業に関する r_U の推定値として使用する。この r_U と合わせて、自社（もしくは当該事業を手がける子会社）

のD/Eレシオと負債コストを第2命題の式に代入すれば，当該事業に適用すべき r_E' を推定できる。また，これを使って当該事業に適用すべき $wacc'$ も推定できる。

7.7　株主配分と企業価値

　本章を締めくくる前に，資本構成の問題から離れて，もうひとつの重要な財務政策である**株主配分**について触れておくことにしよう。株主配分とは，企業が稼いだキャッシュフローを株主に還元することであり，主として配当と自社株買いという2つの方法によって行われる。株主配分を行う方法によって株主の富が変化するのであれば，企業は株主の富を最大化するような方法で，これを実施すべきである[10]。

　株主配分に関して影響力のある分析を行ったのは，資本構成と同じモジリアーニとミラー（MM）である。MMは，資本市場が完全であり，企業の投資政策や資本構成が所与であれば，株主配分の方法が株主の富に影響しないことを示した。本節ではMMの議論を詳細にみるのではなく，数値例を使って，株主に配分可能な現金（事業遂行の観点からは余剰現金）を持つ企業が，この現金をどのように配分しても株主の富には影響がないことを確認しよう。

　この例では，株主資本のみで資金を調達している企業を考える[11]。この企業は，事業価値（将来にわたるフリーキャッシュフローの現在価値）が900億円であり，これとは別に，株主に配分可能な余剰現金を100億円保有している。発行済株式数を1億株とすると，現在の企業価値（＝株主資本の価値）は1,000億円であり，1株の価値は1,000円になる（**図7-5(a)**）。

　今，この企業が，100億円の余剰現金をすべて株主に配当することを決定したとしよう。配当実施後の企業価値は，事業価値と同じ900億円になり，株価は（900億円÷1億株＝）900円になる。配当は1株につき（100億円÷1億株＝）100円であるから，1株あたりの株主の富は，100

図 7-5
株主配分と企業価値

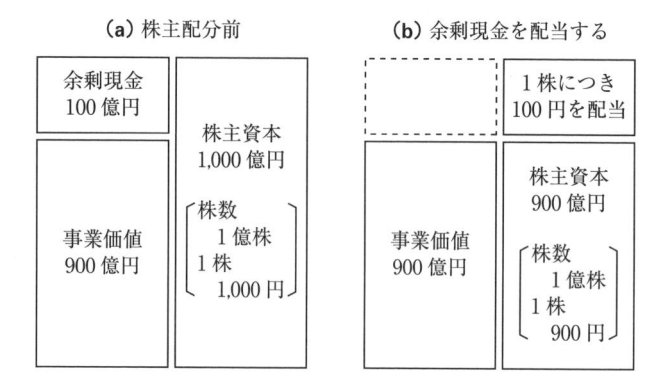

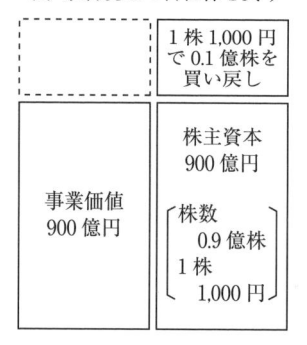

（a）株主配分前

余剰現金 100 億円	株主資本 1,000 億円
事業価値 900 億円	株数 1 億株 / 1 株 1,000 円

（b）余剰現金を配当する

（配当済）	1 株につき 100 円を配当
事業価値 900 億円	株主資本 900 億円 / 株数 1 億株 / 1 株 900 円

（c）余剰現金で自社株を買う

（買戻済）	1 株 1,000 円で 0.1 億株を買い戻し
事業価値 900 億円	株主資本 900 億円 / 株数 0.9 億株 / 1 株 1,000 円

円の配当金と 900 円の株式を合わせた 1,000 円であり，配当実施を決定する前と同じである（図 7-5(**b**)）。

次に，この企業が 100 億円の余剰現金を，配当ではなく自社株買いに使うと決定したとしよう。このとき，買い戻される株式の数は（100 億円 ÷ 1,000 円 =）0.1 億株となる。自社株買い実施後の企業価値 900 億円を，買い戻されていない 0.9 億株で分けると，1 株の価値は（900 億円 ÷ 0.9 億株 =）1,000 円となる。この結果，買い戻しに応じた株主も，応じなかった株主も，1 株あたりの富は 1,000 円であり，自社株買いを決定する前と同じである（図 7-5(**c**)）。

この例からわかるように，（取引コストや情報の非対称性などが存在しな

い）完全な資本市場を前提とすれば，余剰現金を持つ企業が，それを保有し続けても，配当や自社株買いによって株主に配分しても，株主の富には影響を及ぼさない[12]。この結論は，企業価値を評価する際に，株主に帰属するキャッシュフローをいつどのように配分するのかという問題に煩わされることなく，毎年のフリーキャッシュフローの現在価値を算定すればよいことを示唆する。

本章に関連する発展的なトピックス

個人所得税と節税効果，ペッキング・オーダー理論，エージェンシーコスト

確認問題

1. 第5章の5.2節では，次のような数値を持つ企業の現在の価値を評価した。

    フリーキャッシュフローの期待値（毎年一定と仮定する）　500（億円）
    負債の簿価（これを負債の現在価値として使用する）　　3,000（億円）
    法人税率　　　　　　　　　　　　　　　　　　　　　40％
    負債コスト（税引前）　　　　　　　　　　　　　　　　6％
    株主資本コスト　　　　　　　　　　　　　　　　　　10％

    第5章で評価したように，この企業は現在，株主資本の価値が3,920億円であるから，D/Eレシオは（3,000÷3,920＝）0.765である。今，この企業が財務政策を見直して，D/Eレシオを1に変更することを決定したとしよう。このとき，株主資本コスト，加重平均資本コスト，企業価値がそれぞれいくらになるか，MMのフレームワークを使って答えなさい。なお，この資本構成変更がもたらす財務的困難のコストは無視できるものであり，負債コストも6％のままであるとする。

2. 第5章の確認問題2で分析したB社は，現在，株主資本100％であ

る。このB社を直ちに買収すると想定しよう。また、財務状況の予測は先のデータと全く同じであるが、B社を買収した直後に、金利5%の借り入れによって株式の買い戻しを行いD/Eレシオを1に変更するものとする。このとき資本構成変更後のB社の企業価値はいくらになるか、MMのフレームワークを使って答えなさい。この資本構成変更がもたらす財務的困難のコストは無視できるものとする。また、買収前の価値と比べて資本構成変更後の企業価値が増加するのはなぜか答えなさい。

[注]

1. 本章では、さまざまな値をとる変数 X の期待値を $\overline{X}$ と表記する。本書の第11章でみるように、これを μ_X もしくは $E(X)$ と表記することも多い。
2. 2つの投資戦略で投資金額に差がある場合、安い方を買い、高い方を売る裁定取引と呼ばれる手法によって、将来のキャッシュフローを変更することなく即座に現金を入手することができる。裁定取引はいずれかの企業の株主によって、以下のようにして実行される。
   $V_U > V_L = E + D$ であれば、U社の株式の α 分を保有する投資家は、それを売却して、L社の株式と負債をそれぞれ α 分ずつ購入する。そうすれば、毎年のキャッシュフローが $\alpha \cdot X$ 円で不変のまま、$\alpha(V_U - V_L) > 0$ の現金を即座に入手することができる。
   反対に、$V_U < V_L = E + D$ であれば、L社の株式 E の α 分を保有する投資家は、これを売却し、さらに $\alpha \cdot D$ 円を自分で借り入れて、U社の株式の α 分を購入する。そうすれば、毎年のキャッシュフローが $\alpha(X - r_D \cdot D)$ で不変のまま、$\alpha(E+D) - \alpha \cdot V_U = \alpha(V_L - V_U) > 0$ の現金を即座に入手することができる。
   このような裁定取引によって、割安な株が買われて値上がりし、割高な株が売られて値下がりする結果、均衡状態では $V_U = V_L$ となる。
3. D/Eレシオに比例して、株主の投資リスクが大きくなることを下の例で示そう。この例では、企業価値が1,000、借入金利が10%であり、法人税は存在しない。下の表には、4つのD/Eレシオを想定して営業利益（利払前）が50, 100, 150という3つのケースについて、株主資本利益率とその振れ幅が示されている。この表からわかるように、株主資本利

| | 営業利益（利払前） | | | 株主資本利益率の振れ幅 |
	ケース1 50	ケース2 100	ケース3 150	（ケース3とケース1の差）
D/Eレシオ=0 （E=1,000, D=0, 支払利息=0）	5%	10%	15%	10%
D/Eレシオ=1 （E=500, D=500, 支払利息=50）	0%	10%	20%	20%
D/Eレシオ=2 （E=333, D=667, 支払利息=67）	−5%	10%	25%	30%
D/Eレシオ=3 （E=250, D=750, 支払利息=75）	−10%	10%	30%	40%

益率の振れ幅は，D/E レシオに比例して大きくなる．なお，D/E レシオが 0 の場合の株主資本利益率の変動は，営業利益の変動のみによるものなので，ビジネスリスクと呼ばれる．D/E レシオを上げることによってこの変動が増幅されることを株主資本の財務リスクという．
4． $V_L < V_U + t \cdot D$ であれば，U 社の株式の α 分を保有する投資家は，それを売却して，L 社の株式の α 分と，負債の $\alpha(1-t)$ 分を購入する．そうすれば，毎年のキャッシュフローが $\alpha(1-t)X$ で不変のまま，$\alpha \cdot V_U - \{\alpha \cdot E + \alpha(1-t)D\} = \alpha\{(V_U + t \cdot D) - V_L\} > 0$ の現金を即座に入手することができる．

反対に，$V_L > V_U + t \cdot D$ であれば，L 社の株式 E の α 分を保有する投資家は，これを売却し，さらに $\alpha(1-t)D$ 円を自分で借り入れて，U 社の株式の α 分を購入する．そうすれば，毎年のキャッシュフローは $\alpha(1-t)(X-r_D \cdot D)$ で不変のまま，$\alpha \cdot E + \alpha(1-t)D - \alpha \cdot V_U = \alpha\{V_L - (V_U + t \cdot D)\} > 0$ の現金を即座に入手することができる．

このような裁定取引によって，割安な株が買われて値上がりし，割高な株が売られて値下がりする結果，均衡状態では $V_L = V_U + t \cdot D$ となる．
5． D 円の負債を借り続けるとき，毎年の支払利息は $r_D \cdot D$ 円であり，借り入れのない企業に比べて，税金が毎年 $t \cdot r_D \cdot D$ 円だけ減少する．節税効果の価値は，ゼロ成長モデルを使って求めた節税額の現在価値であり，

$$\text{節税効果の価値} = \frac{t \cdot r_D \cdot D}{r_D} = t \cdot D$$

となる．ここで，節税額の割引率に負債コスト r_D を使用するのは，負債の利息を支払う限り節税効果が生じるため，節税額は負債のキャッシュフローと同じリスクを持つとみなすことができるからである．
6．このような問題をリスク・シフティングもしくは資産代替という．これは，負債のエージェンシーコスト（負債の利用が企業の意思決定に悪影響を与えることから生じる企業価値の低下）の典型例である．
7．節税効果の便益を追求すれば，財務的困難のコストが増加するというような両立不可能な関係を，一般にトレードオフの関係という．
8．資本構成の変更によって企業価値が増加することがわかっているので，以前と同じ 800 円で株を売る株主は存在しない．さらに，本文で示すように，資本構成の変更が完了したときには 1 株 950 円になることが予想できるので，自社株買いに応じる株主も 950 円で売ることには同意する．この結果，A 社の株価は発表直後に 950 円になる．このように，自社株買いに応じる株主と応じない株主の富が等しくなる株価は，9,500 億円 ÷ 10 億株 = 950 円という簡単な計算で求めることができる．
9．加重平均資本コストだけを求める（株主資本コストは求めなくてもよい）のであれば，7.3 節の (7-9) 式を使って，今の $wacc \to r_U \to$ 新しい $wacc'$ という手順で推定しても同じ値になる．
10．このような株主配分と企業価値の関係を考慮しなくても済むように，本書ではしばしば，株主に配分可能な現金を，企業がその都度株主に配当するものと想定してきた．
11．事業価値部分に対する資本構成が一定であれば，負債のある企業でも同じ結論になる．
12．株主配分について，本書の範囲を超える点を簡単に補足しておく．まず，個人の所得税を考慮する場合，配当所得に対する税率と，株式売却益に対する税率が異なれば，株主の税引後の富は，配当と自社株買いの間で異なることになる．

また，市場参加者の間に，情報の非対称性がある場合には，配当や自社株買いが株価（市場における企業評価）に影響を与える可能性がある．たとえば，企業に関する情報を，投資家よりも経営者の方が多く保有しているとすれば，増配は，好業績のシグナルとなり，自社株買いは，経営者が現在の株価を割安と考えていることのシグナルとなる可能性がある．

第2部
リスクとリターンの理論

第8章 数列とその和

8.1 第2部のねらい

　本書の第1部では，将来キャッシュフローを要求収益率で割り引くという評価の基本原理を提示し，これを使ってさまざまな物件を評価した。これらの物件の多くは，（収益率が事前には確定していないという意味で）リスクを持っているが，このリスクをどのように計測するのか，また，リスクが収益率（リターン）にどのように影響するのか，といった点は第1部ではほとんど議論しなかった。第2部では，このようなリスクとリターンに関する理論を掘り下げて学習する。これらの理論は数学的にアプローチした方が理解しやすいことから，第2部の各章では，**数列**，**微分**，**確率**といった高校レベルの数学が使用される。それぞれの分野について，まず，基礎知識を確認して，次に，それをファイナンスに応用するという順序で議論を進める。したがって，抽象的な数学が苦手な人にとっては，ファイナンスの問題を具体的にイメージしながら数学を学びなおす機会になるかもしれない。

　まずこの第8章では，数列を学習する。8.2節でわかるように，第1章で学んだ年金の現在価値の計算は数列の和にほかならない。また，8.3節では数列の和を示すΣ（シグマ）の記号が登場するが，これは第

12章でポートフォリオ理論を学習するときの有益な道具となる。

8.2 等比数列とその和

数列とは，文字通り数を一列に並べたものであり，下はその例である。

$$1, 2, 4, 8, 16, 32, \cdots$$

数列の中のひとつひとつの数を**項**といい，最初の数を**初項**という。数列の各項はふつう何らかの規則に従って並んでいる。上の数列は，初項を1として，各項に2をかけたものが次の項になるという規則で並んでおり，このような数列は**等比数列**と呼ばれる。等比数列の次の項を作るときにかける値（この例では2）のことを**公比**という。初項をa，公比をrとして等比数列を一般的に表すとき，等比数列の第n番目の項は，

$$a \cdot r^{n-1}$$

となる[1]。

次に，**数列の和**を考えよう。上の数列では，$1+2+4+8+16+32+\cdots$を求めることを意味する。初項から第n項までの和をS_nとすると，等比数列については，

$$S_n = a + a\cdot r + a\cdot r^2 + a\cdot r^3 + \cdots + a\cdot r^{n-1} \qquad (8\text{-}1)$$

となる。(8-1)式のS_nを求めるために，まず(8-1)式の両辺に公比rをかけて次の式を作る。

$$r\cdot S_n = a\cdot r + a\cdot r^2 + a\cdot r^3 + \cdots + a\cdot r^n \qquad (8\text{-}2)$$

次に，(8-1)式から(8-2)式を引くと，次のように右辺の同じ部分が相殺されて簡単な式になる。

$$S_n = a + a \cdot r + a \cdot r^2 + a \cdot r^3 + \cdots + a \cdot r^{n-1}$$
$$-)\ r \cdot S_n = \qquad a \cdot r + a \cdot r^2 + a \cdot r^3 + \cdots + a \cdot r^{n-1} + a \cdot r^n$$
$$\overline{(1-r)S_n = a - a \cdot r^n\qquad\qquad\qquad\qquad\qquad\qquad}$$

これを S_n について整理すると，$r \neq 1$ であれば，

$$S_n = \frac{a(1-r^n)}{1-r} \qquad (8\text{-}3)$$

となる[2]。第1章で学習した年金現価係数や年金終価係数は，等比数列の和であるから，初項と公比を使って(8-3)式のような形で表現することもできる（本章の確認問題1を参照）。

数列の和 S_n について，n を限りなく大きくしていくことを，$\lim_{n \to \infty} S_n$（リミット n 無限大の S_n）と表記する。(8-3)式から $r \neq 1$ のとき，等比数列の和については，

$$\lim_{n \to \infty} S_n = \lim_{n \to \infty} \frac{a(1-r^n)}{1-r}$$

である。$\lim_{n \to \infty} S_n$ がある値に収束するとき，その値を S_n の**極限値**という。

初項 a と公比 r がともに正である等比数列について，S_n が極限値を持つかどうか検討してみよう[3]。

まず公比が1より大きいとき（$r > 1$ のとき）には，n が大きくなるにつれて分子の中の r^n が限りなく大きくなる。分母が負で，分子が無限に小さな（絶対値の大きい）負の値になっていくので，$\lim_{n \to \infty} S_n = \infty$ である。したがって，S_n は極限値を持たない。

次に公比が1より小さいとき（$r < 1$ のとき）には，n が大きくなるに

つれて分子の中の r^n は限りなく 0 に近づいていくので，

$$\lim_{n\to\infty}S_n = \lim_{n\to\infty}\frac{a(1-r^n)}{1-r} = \frac{a(1-0)}{1-r} = \frac{a}{1-r} \qquad (8\text{-}4)$$

となる。したがって，公比が1より小さい正の値であるとき，等比数列の和は極限値 $\frac{a}{1-r}$ を持つ[4]。第1章で学んだ，永久年金の現在価値に関するゼロ成長モデル（(1-5)式）と定率成長モデル（(1-8)式）は，等比数列の和の極限値として導出することができる（本章の確認問題2を参照）。

8.3　Σ（シグマ）の使い方

数列の和を表す記号として Σ（シグマ）がある。数列を一般に，

$$a_1, \ a_2, \ a_3, \cdots, \ a_n, \cdots$$

と表すとき，初項から第 n 項までの和 S_n を，Σ 記号を使って $\sum_{i=1}^{n}a_i$ （シグマ $i=1$ から n の a_i）と表すことができる。すなわち，

$$\sum_{i=1}^{n}a_i = a_1 + a_2 + a_3 + \cdots + a_n$$

である。

次に，2つの数列がある場合に，それぞれからひとつずつ項を取り出してできるすべてのペアについてかけ算を行い，それをさらに合計することを考える。とりあえず，第3項までの短い数列を用いてこれをやってみよう。

$$a_1, \ a_2, \ a_3$$
$$b_1, \ b_2, \ b_3$$

という2つの数列から，ひとつずつ項を取り出してできるペアは全部で $(3 \times 3 =) \ 9$ 個ある。これら9個のペアのすべてをかけ算し，それをさらに合計すると次のようになる。

$$a_1 \cdot b_1 + a_1 \cdot b_2 + a_1 \cdot b_3 + a_2 \cdot b_1 + a_2 \cdot b_2 + a_2 \cdot b_3$$
$$+ a_3 \cdot b_1 + a_3 \cdot b_2 + a_3 \cdot b_3 \tag{8-5}$$

この(8-5)式は，$a_i \cdot b_j \ (i = 1, \ 2, \ 3 \text{および} j = 1, \ 2, \ 3)$ の形で表される9個の項の和であるが，Σ 記号を2つ使って，これを次のように表記する。

$$\sum_{i=1}^{3} \sum_{j=1}^{3} a_i \cdot b_j \tag{8-6}$$

確認のため，(8-6)式について，まず a_i に関する Σ を開き，次に b_j に関する Σ を開くと，

$$\sum_{i=1}^{3} \sum_{j=1}^{3} a_i \cdot b_j = \sum_{j=1}^{3} a_1 \cdot b_j + \sum_{j=1}^{3} a_2 \cdot b_j + \sum_{j=1}^{3} a_3 \cdot b_j$$
$$= a_1 \sum_{j=1}^{3} b_j + a_2 \sum_{j=1}^{3} b_j + a_3 \sum_{j=1}^{3} b_j$$
$$= a_1 \cdot (b_1 + b_2 + b_3) + a_2 \cdot (b_1 + b_2 + b_3) + a_3 \cdot (b_1 + b_2 + b_3) \tag{8-7}$$

となり，この(8-7)式は，(8-5)式に一致する。

ところで，(8-7)式をさらにカッコでくくると，

$$(a_1 + a_2 + a_3) \times (b_1 + b_2 + b_3)$$

となる。ここからわかるように一般に，$(a_1+a_2+a_3+\cdots+a_n) \times (b_1+b_2+b_3+\cdots+b_n)$ という計算は，2つの数列 a_i ($i=1, 2, 3, \cdots, n$) と b_j ($j=1, 2, 3, \cdots, n$) から，ひとつずつ項を取り出してできるすべてのペアをかけ算したものの合計である。したがって，

$$(a_1+a_2+a_3+\cdots+a_n) \times (b_1+b_2+b_3+\cdots+b_n) = \sum_{i=1}^{n}\sum_{j=1}^{n} a_i \cdot b_j$$

と表記できる。

ここで a_i ($i=1, 2, 3, \cdots, n$) と b_j ($j=1, 2, 3, \cdots, n$) が同じ数列である場合を考えると，ある数列の第 n 項までの和の2乗を，

$$(a_1+a_2+a_3+\cdots+a_n)^2 = \sum_{i=1}^{n}\sum_{j=1}^{n} a_i \cdot a_j \tag{8-8}$$

と表すことができる。

（確認問題）

1. 金利（割引率）を r，年数を n として，第1章1.2節の年金現価係数と年金終価係数の一般的な形を，本章の(8-3)式を使って求めなさい。
2. 金利（割引率）を r，1回分の年金額を C として，永久年金の現在価値に関するゼロ成長モデル（(1-5)式）を本章の(8-4)式を用いて導出しなさい。また，金利（割引率）を r，初回の年金額を C，年金の成長率を g として，定率成長モデル（(1-8)式）を本章の(8-4)式を用いて導出しなさい。ただし $r > g$ とする。

[注]

1. n は自然数である。また，r^0（r の0乗）は定義により1である。なお，本書では r を主に金利（割引率）を表す文字として用いているが，等比数列の公比にも r を使用することが一般的であることから，本章ではこれを公比の文字記号として使用する。
2. $r=1$ のときは(8-1)式から，$S_n = n \cdot a$ となる。
3. 数学的には a や r は正の値に限定されないが，ここではファイナンスとしての実用性を考慮して，これらを正の値に限定する。
4. $r=1$ のときは，$\lim_{n \to \infty} S_n = \lim_{n \to \infty} n \cdot a = \infty$ であり，S_n は極限値を持たない。

第9章 微分の基礎知識

9.1 微分の意味

　基本的な微分の知識があれば，ファイナンスに対する理解が格段に深まる。裏を返せば，微分の知識を実際に活用できる分野として，ファイナンスを位置づけることができる。本章では，第10章以降をスムーズに理解する土台を作るために，微分の意味とその利用法を学習する。

　微分とは，関数（もしくはそのグラフ）の重要な情報を手早く入手する方法である。また**関数**とは，ある変数xが変化するにつれて他の変数yがどのように変化するかを示すものである。このとき，yの変化を知るためには，関数の「傾き」が重要な情報となる。

　原点を通る一次関数（直線のグラフ）$y = ax$を例にとると，傾きaが決まれば，この関数（グラフ）が完全に決定する。たとえば，aが2のときのグラフは**図 9-1**のようになる。このグラフ上の任意の点を基準として，xがある量だけ増加すると，yはxの増加量の2倍増加する。つまり，傾きの2という値は「xの変化量（Δx）に対するyの変化量（Δy）の比」，すなわち，$\Delta y/\Delta x$を表している。図9-1の例では，$\Delta y/\Delta x = 2$より，$\Delta y = 2 \cdot \Delta x$であるから，$x$が任意の点から変化するとき，$x$の変化量を2倍したものが$y$の変化量となる。

図 9-1
一次関数 $y=2x$ のグラフ

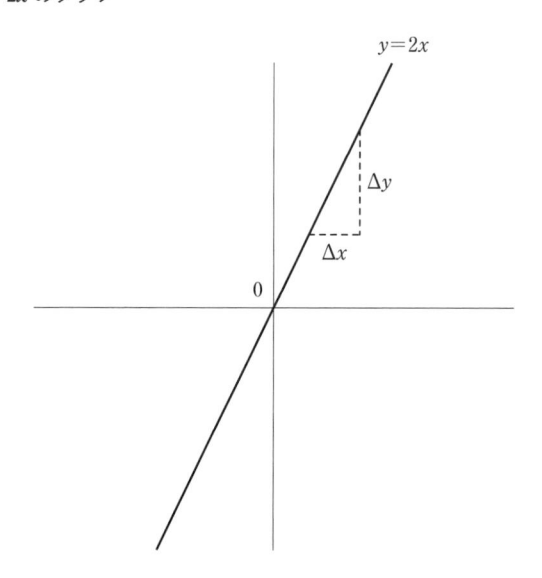

次に，x と y の関係が一次関数よりも複雑な場合を考えてみよう。**図 9-2** に示した $y=x^2$ という二次関数を例に，x が1のときの傾きを考えてみる。x の値が1から Δx だけ増加して $(1+\Delta x)$ になると，y の値は1から $(1+\Delta x)^2$ に変化する。まず，$\Delta x=2$，すなわち x が1から3に増加するケースを考えると，傾き $(\Delta y/\Delta x)$ は，

$$\frac{\Delta y}{\Delta x}=\frac{(1+\Delta x)^2-1^2}{(1+\Delta x)-1}=\frac{9-1}{3-1}=\frac{8}{2}=4$$

となる。しかしながら，こうして求めた傾き4の直線は，x が1のところでは，もとのグラフ（$y=x^2$）の変化の仕方とはかなり違っている。そのため，この4という値を $x=1$ の点における $y=x^2$ の傾きとして使うのには抵抗がある。$x=1$ の点における $y=x^2$ のグラフの変化の仕方に傾きを近づけるためには，Δx を小さくすればよいと考えられる。たとえば，$\Delta x=1$，すなわち x の変化を1から2までにすると，傾き

図 9-2
$y=x^2$ のグラフの傾きに関する考察

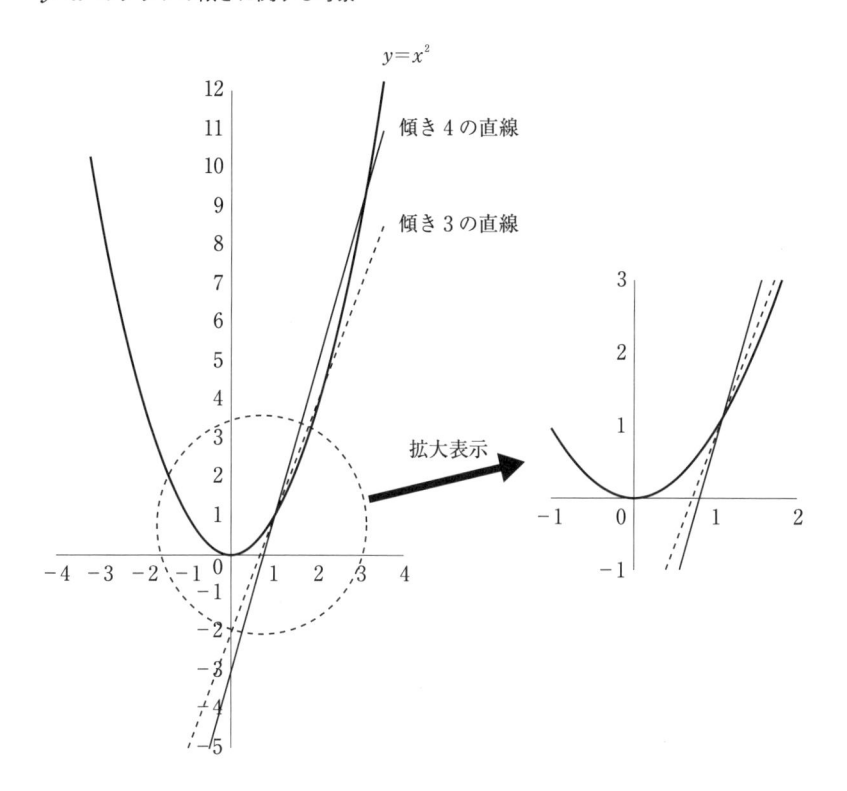

$(\Delta y/\Delta x)$ は,

$$\frac{\Delta y}{\Delta x} = \frac{(1+\Delta x)^2 - 1^2}{(1+\Delta x) - 1} = \frac{4-1}{2-1} = \frac{3}{1} = 3$$

となる。傾き3の直線は, $x=1$ の点における $y=x^2$ の変化の仕方にかなり近づいたが, それでもなお, この3という値を $y=x^2$ の $x=1$ の点における傾きと呼ぶにはまだ抵抗がある。そこで思い切って Δx を限りなく0に近づけることを考えてみよう。これを $\lim_{\Delta x \to 0} \dfrac{(1+\Delta x)^2 - 1^2}{(1+\Delta x) - 1}$ と

表記して，次のように計算する。

$$\lim_{\Delta x \to 0} \frac{(1+\Delta x)^2 - 1^2}{(1+\Delta x) - 1} = \lim_{\Delta x \to 0} \frac{1 + 2(\Delta x) + (\Delta x)^2 - 1}{(1+\Delta x) - 1}$$
$$= \lim_{\Delta x \to 0} \frac{2(\Delta x) + (\Delta x)^2}{\Delta x}$$
$$= \lim_{\Delta x \to 0}(2 + \Delta x) \quad (ここで \Delta x を 0 にすると考えると)$$
$$= 2$$

　このようにして得られた2という値は，$x=1$ の点における $y=x^2$ の「瞬間的な傾き」といえる。これを $x=1$ における**微分係数**と呼ぶ。

　$y=x^2$ の瞬間的な傾きを $x=1$ の点に限定しないで，一般的に考えることもできる。このときは，瞬間的な傾きの記号として $\frac{dy}{dx}$（ディーワイ・ディーエックス）を使い，以下のように計算する。

$$\frac{dy}{dx} = \lim_{\Delta x \to 0} \frac{(x+\Delta x)^2 - x^2}{(x+\Delta x) - x}$$
$$= \lim_{\Delta x \to 0} \frac{x^2 + 2x(\Delta x) + (\Delta x)^2 - x^2}{(x+\Delta x) - x}$$
$$= \lim_{\Delta x \to 0} \frac{2x(\Delta x) + (\Delta x)^2}{\Delta x}$$
$$= \lim_{\Delta x \to 0}(2x + \Delta x)$$
$$= 2x$$

　これは任意の x の値における $y=x^2$ の「瞬間的な傾き」を与える関数となる。そこで $\frac{dy}{dx} = 2x$ を $y=x^2$ の**導関数**という。また，上のような計算によって導関数を求めることを**微分する**という。

　導関数の x に具体的な値を代入すれば，微分係数を求めることができ

る。たとえば，上の導関数を使って $x=1$ における微分係数を求めることを，

$$\left.\frac{dy}{dx}\right|_{x=1} = 2 \times 1 = 2$$

と表現する。微分係数は，このように導関数を使って求めるのが一般的である。

9.2　微分の利用法

微分係数（導関数の値）は，関数のある一点における「瞬間的な傾き」すなわち「x の変化量に対する y の変化量の比の瞬間的な値」を表す。図形的には，関数のグラフにその点で接する直線（接線）の傾きを表している。これを利用すると，もとの関数について重要な情報を入手することができる。

まず，グラフ上のある点における微分係数が正であれば，この点の付近ではグラフが右上がりであること，つまり，x が増加すると y も増加することがわかる。反対に，ある点における微分係数が負であれば，この点の付近ではグラフが右下がりであること，つまり x が増加すると y は減少することがわかる。もし，グラフ上のある点における微分係数が 0 であれば，x がその値から増加しても y は瞬間的には増加も減少もしない。このときの x の値を x^* とすると，関数 (y) は，$x=x^*$ の点において，**図 9-3** の3つのケース（**(a)** 極大値をとる，**(b)** 極小値をとる，**(c)** 極大値・極小値以外の停留値をとる）のいずれかになる[1]。

次に，微分係数を使えば，複雑な関数についても，x がある値から少し変化したときに y がどのぐらい変化するのかを近似的に求めることができる。次の関数を例に使って考えてみよう。

図 9-3

$x = x^*$ で微分係数が 0 となるケース

(a) 関数が極大値をとる　　(b) 関数が極小値をとる　　(c) 関数が極大値・極小値
　　　　　　　　　　　　　　　　　　　　　　　　　　　　　以外の停留値をとる

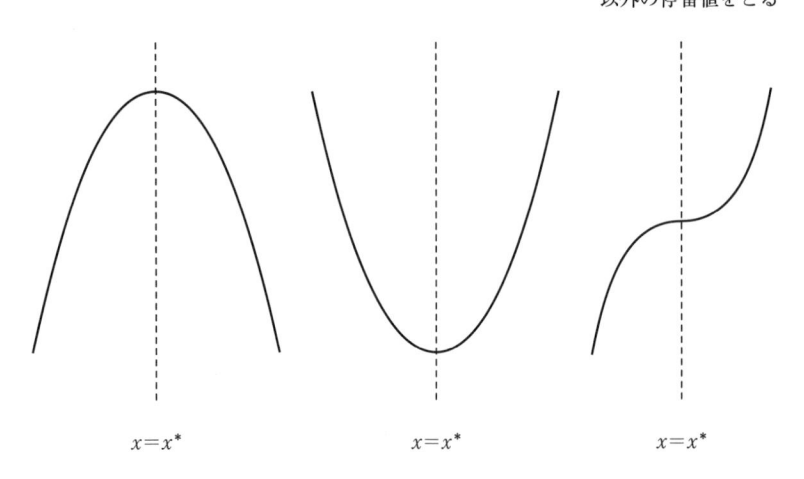

$x = x^*$　　　　　　　　　$x = x^*$　　　　　　　　　$x = x^*$

$$y = x^4 - x^3 + x^2 - x + 1 \tag{9-1}$$

　この関数について，x が 1 から少し増加したときの y の変化量を，およその値（近似値）で把握することを考える。まず，この関数を微分して，接線の傾きを与える導関数を求める（微分の計算方法は次節に譲り，ここではとりあえず微分した結果を提示する）。

$$\frac{dy}{dx} = 4x^3 - 3x^2 + 2x - 1$$

　次に，この導関数を使って $x = 1$ のときの微分係数を求めると，

$$\left.\frac{dy}{dx}\right|_{x=1} = 4 - 3 + 2 - 1 = 2$$

図 9-4
Δy の直線的な近似値

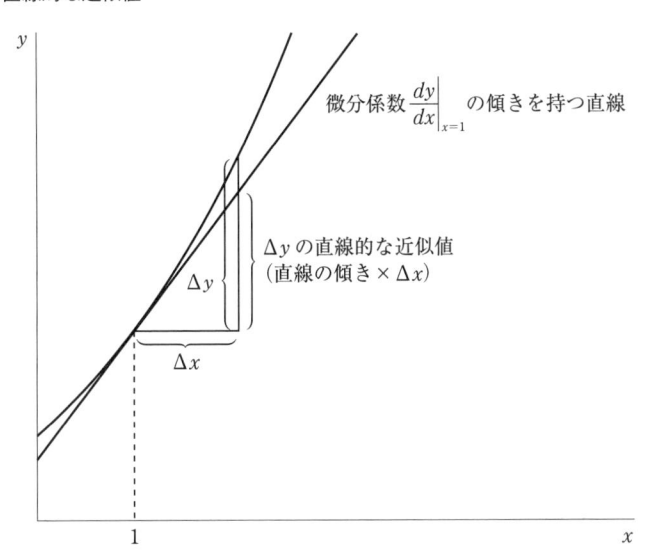

となる。微分係数が正なので，x が 1 から少し増えるとき，y も増加することがわかる。さらに，微分係数 2 は $x=1$ の点における接線の傾きなので，この接線上で，x が 1 から Δx だけ変化すると，y は Δx に 2 をかけた量だけ変化する。この接線上での y の変化量 $2 \cdot \Delta x$ は，もとの関数（(9-1)式）における y の変化量 Δy の近似値となる（**図 9-4** 参照）。これを近似的に等しいことを示す記号「$\approx$」を使って，

$$\Delta y \approx 2 \cdot \Delta x$$

と表す。たとえば，$\Delta x = 0.1$ のとき（x が 1 から 1.1 に増加するとき），y の変化量の直線的な近似値は次のようになる。

$$\Delta y \approx 2 \cdot \Delta x = 2 \times 0.1 = 0.2$$

このように，もとの関数の式が複雑であっても，微分係数を使えば，

x の微小な変化に伴う y の変化量の直線的な近似値を求めることができる。ちなみに，もとの関数（(9-1)式）に $x = 1$ を代入すると $y = 1$, $x = 1.1$ を代入すると $y = 1.2431$ であるから，Δy の（近似値ではなく）正確な値は 0.2431 である[2]。

9.3 微分の計算規則

本章の最後に，微分の計算方法（導関数の求め方）を確認しておこう。x の関数 $y = f(x)$ に対して，その導関数 $\dfrac{dy}{dx}$ は一般に次の式で定義される[3]。

$$\frac{dy}{dx} = \lim_{\Delta x \to 0} \frac{f(x + \Delta x) - f(x)}{\Delta x} \tag{9-2}$$

微分する（導関数を求める）y の形		導関数
（x に関係のない）定数 c	$y = c$	$\dfrac{dy}{dx} = 0$
x の n 乗	$y = x^n$	$\dfrac{dy}{dx} = n \cdot x^{(n-1)}$
関数の k（定数）倍	$y = k \cdot v$ （v は x の関数）	$\dfrac{dy}{dx} = k \cdot \dfrac{dv}{dx}$
関数同士の和（差）	$y = v \pm w$ （v, w は x の関数）	$\dfrac{dy}{dx} = \dfrac{dv}{dx} \pm \dfrac{dw}{dx}$
関数同士の積	$y = v \cdot w$ （v, w は x の関数）	$\dfrac{dy}{dx} = \dfrac{dv}{dx} \cdot w + v \cdot \dfrac{dw}{dx}$
合成関数	$y = g(u), \ u = f(x)$ （y は u の関数，u は x の関数）	$\dfrac{dy}{dx} = \dfrac{dy}{du} \cdot \dfrac{du}{dx}$
媒介変数 t を使って表示された関数	$\begin{cases} x = f(t) \\ y = g(t) \end{cases}$	$\dfrac{dy}{dx} = \dfrac{\ \dfrac{dy}{dt}\ }{\dfrac{dx}{dt}}$

通常は，(9-2)式の定義をいちいち使うのではなく，表に掲げた計算規則を使って導関数を求める。これらの計算規則を(9-2)式の定義から導く方法については，高校の数学の参考書などを参照されたい。

なお，x の n 乗の導関数を求める計算規則は，下の例のように n が分数や負の数の場合にも使用できる。

【例1】　$y = \sqrt{x} \quad (= x^{\frac{1}{2}})$

$\dfrac{dy}{dx} = \dfrac{1}{2} \cdot x^{\frac{1}{2}-1} = \dfrac{1}{2} \cdot x^{-\frac{1}{2}} = \dfrac{1}{2} \cdot \dfrac{1}{x^{\frac{1}{2}}} = \dfrac{1}{2} \cdot \dfrac{1}{\sqrt{x}} = \dfrac{1}{2\sqrt{x}}$

【例2】　$y = \dfrac{1}{x^4} \quad (= x^{-4})$

$\dfrac{dy}{dx} = -4 \cdot x^{-5} = -4 \cdot \dfrac{1}{x^5} = -\dfrac{4}{x^5}$

【例3】　$y = \dfrac{1}{(2x+1)^2} \quad (= (2x+1)^{-2})$

$u = 2x+1$ として，表中の合成関数に関する計算規則を使うと，

$\dfrac{dy}{dx} = -2 \cdot (2x+1)^{-3} \cdot 2 = -4(2x+1)^{-3}$

$\phantom{\dfrac{dy}{dx}} = -4 \cdot \dfrac{1}{(2x+1)^3} = -\dfrac{4}{(2x+1)^3}$

本章に関連する発展的なトピックス

2階微分，関数のテイラー展開と2次までの近似

(確認問題)

1．次の関数を微分して導関数を求めなさい。また $x = 1$ における微分係数（接線の傾き）を求めて，x が1から1.01に増加するときの y の変化量の直線的な近似値を求めなさい。

$$y = \frac{1}{(x+1)} + \frac{1}{(2x+1)^2} + \frac{1}{(3x+1)^3}$$

2．x と y の関数関係が t を媒介変数として次のように与えられているとき，導関数 $\dfrac{dy}{dx}$ を求めなさい。また $t=0$ のときの微分係数 $\left.\dfrac{dy}{dx}\right|_{t=0}$ を求めなさい。

$$\begin{cases} x = (2-t)^2 \\ y = \dfrac{1}{2t-1} \end{cases}$$

[注]

1．関数が極大値もしくは極小値をとる場合には，その点における微分係数は必ず0になるが，反対に微分係数が0というだけでは図9-3のどのケースにあたるかわからない。つまり，ある点における微分係数が0であるというのは，関数がその点で極大値もしくは極小値をとるための必要条件である。
2．y の変化量の直線的な近似値を与える式を，$x=1$ の点に限定せず，一般的に表せば，$\Delta y \approx \dfrac{dy}{dx} \cdot \Delta x$ である。
3．x の関数を $f(x)$，その導関数を $f'(x)$ と表記することも多い。

第10章 債券投資の理論

10.1 債券投資の金利リスク

　第3章で学んだように，債券の将来キャッシュフローと債券価格をリンクさせる単一の割引率が利回りである。1年あたりの利息金額を C，残存期間（年数）を n，利回りを r で表すと，国債（額面100円分）の価格 P は次の式で表される（割引国債であれば $C=0$ である）。

$$P = \frac{C}{1+r} + \frac{C}{(1+r)^2} + \frac{C}{(1+r)^3} + \cdots + \frac{C+100}{(1+r)^n} \quad (10\text{-}1)$$

　この式は，債券価格 P を利回り r の関数として表現したものといえる。本章では，このように債券価格が利回りという1変数のみの関数であることを利用する。また(10-1)式は，すべての金利が r である（スポットレートカーブが r の高さで水平である）ことを想定した場合の債券価格の決定式でもある。実際に本章では，このような状況を想定するので，債券の利回りと金利はともに同じ r となる。また，利回りと金利は同じ意味で使用される。

　(10-1)式からわかるように，利回り（金利）が上昇すれば債券価格が

図 10-1

利回り価格曲線

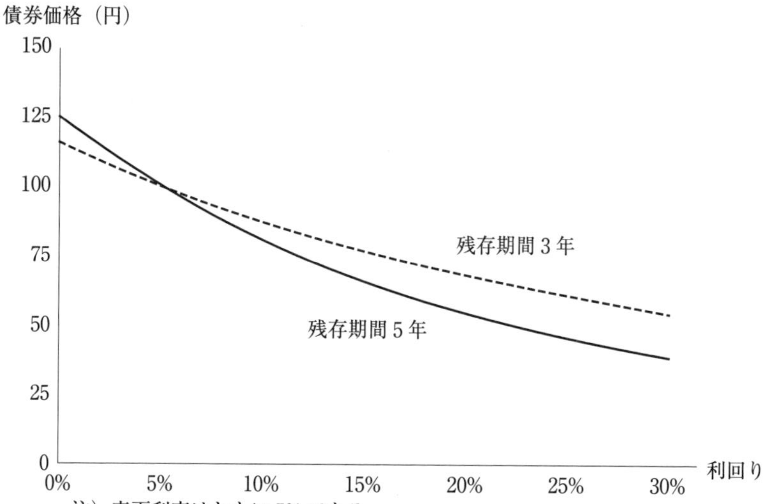

注）表面利率はともに 5% である。

下落し，利回り（金利）が低下すれば債券価格が上昇する。このように金利の変動に伴って債券価格に変化が生じることを債券投資の**金利リスク**と呼ぶ。債券に投資する者は，金利の将来見通しなどに基づいてこのリスクに対処しなければならない[1]。

図 10-1 を使って，金利リスクを視覚的に分析してみよう。

この図は，2 つの利付国債について，利回りを横軸，価格を縦軸にとったグラフ（**利回り価格曲線**）を示している。2 つの債券の表面利率は同じ 5%である（したがって，利回りが 5%であるとき，2 つの債券の価格はともに額面どおりの 100 円である）。ただし，残存期間は一方が 3 年，他方が 5 年と異なっている。

この図ではまず，2 つの債券とも利回りが上昇するにつれて価格が下落することを確認できる。また，残存期間 5 年の国債の方がグラフの傾き（右下がりの程度）が急であること，すなわち利回り（金利）の変動に伴う価格の変化が大きいことも確認できる。これは，残存期間の長い国債の方が金利リスクが大きいことを示している。次節では，このような

金利リスクを数量的に把握する方法を学習しよう。

10.2　金額デュレーション

利回りの変動によって債券価格が変化する程度は，図 10-1 のような利回り価格曲線の傾きによって表すことができる。前節の(10-1)式を利回り r で微分すれば，任意の r に対してこの曲線の瞬間的な傾きを与える導関数が得られる。

$$\begin{aligned}\frac{dP}{dr} &= -\frac{C}{(1+r)^2} - \frac{2C}{(1+r)^3} - \frac{3C}{(1+r)^4} - \cdots - \frac{n(C+100)}{(1+r)^{n+1}} \\ &= -\frac{1}{1+r}\left\{1\cdot\frac{C}{1+r} + 2\cdot\frac{C}{(1+r)^2} + 3\cdot\frac{C}{(1+r)^3} + \cdots + n\cdot\frac{C+100}{(1+r)^n}\right\}\end{aligned}$$

（10-2）

　この導関数の r に，現在の利回りを代入して得られる値（微分係数）は，現時点での金利リスクの大きさを表す。利回り価格曲線の傾きは常に負であるから，この微分係数も常に負であるが，その絶対値をとって正にしたものを，**金額デュレーション**（Dollar Duration）と呼ぶ。金額デュレーションは，利回りの変動に対する債券価格の感応度を表すことから，金利リスクを測る尺度となる。なお，デュレーションとは期間という意味である。実際に(10-2)式の｛　｝の中は，債券がもたらす各年のキャッシュフローについて，「キャッシュフローが発生するまでの期間（年数）×キャッシュフローの割引現在価値」を順番に足したものになっている。図 10-1 の 2 つの債券について，導関数と微分係数を使って金額デュレーションを求めてみよう。なお，現在の利回りはともに 5％（$r = 0.05$）とする。

【残存3年の利付国債】

$$P = \frac{5}{1+r} + \frac{5}{(1+r)^2} + \frac{105}{(1+r)^3} \quad \text{より,}$$

$$\frac{dP}{dr} = -\frac{1}{1+r}\left\{1 \cdot \frac{5}{1+r} + 2 \cdot \frac{5}{(1+r)^2} + 3 \cdot \frac{105}{(1+r)^3}\right\}$$

$$\left.\frac{dP}{dr}\right|_{r=0.05} = -\frac{1}{1.05}\left\{1 \cdot \frac{5}{1.05} + 2 \cdot \frac{5}{(1.05)^2} + 3 \cdot \frac{105}{(1.05)^3}\right\}$$

$$= -\frac{1}{1.05}(4.762 + 9.070 + 272.109)$$

$$= -\frac{1}{1.05} \times 285.941$$

$$= -272.32 \quad (\Rightarrow \text{この絶対値} 272.32 \text{が金額デュレーションである})$$

【残存5年の利付国債】

$$P = \frac{5}{1+r} + \frac{5}{(1+r)^2} + \frac{5}{(1+r)^3} + \frac{5}{(1+r)^4} + \frac{105}{(1+r)^5} \quad \text{より,}$$

$$\frac{dP}{dr} = -\frac{1}{1+r}\left\{1 \cdot \frac{5}{1+r} + 2 \cdot \frac{5}{(1+r)^2} + 3 \cdot \frac{5}{(1+r)^3} + 4 \cdot \frac{5}{(1+r)^4}\right.$$

$$\left. + 5 \cdot \frac{105}{(1+r)^5}\right\}$$

$$\left.\frac{dP}{dr}\right|_{r=0.05} = -\frac{1}{1.05}\left\{1 \cdot \frac{5}{1.05} + 2 \cdot \frac{5}{(1.05)^2} + 3 \cdot \frac{5}{(1.05)^3} + 4 \cdot \frac{5}{(1.05)^4}\right.$$

$$\left. + 5 \cdot \frac{105}{(1.05)^5}\right\}$$

$$= -\frac{1}{1.05}(4.762 + 9.070 + 12.958 + 16.454 + 411.351)$$

$$= -\frac{1}{1.05} \times 454.595$$

$$= -432.95 \quad (\Rightarrow \text{この絶対値} 432.95 \text{が金額デュレーションである})$$

金額デュレーションは，（常に負の値をとる）微分係数の絶対値である。したがって，金額デュレーションを $D_\$$，利回りの変動を Δr と表記すると，債券価格の変化量 ΔP の直線的な近似値が次式によって求められる。

$$\Delta P \approx \frac{dP}{dr} \cdot \Delta r = -D_\$ \cdot \Delta r$$

上の2つの国債について，利回りが現在の5%から6%に1%幅上昇する（$\Delta r = 0.01$）と想定して，債券価格の変化量の近似値を求めよう。

【残存3年の利付国債】
$$\Delta P \approx -272.32 \times 0.01 = -2.72 \text{ (円)}$$

【残存5年の利付国債】
$$\Delta P \approx -432.95 \times 0.01 = -4.33 \text{ (円)}$$

10.3 金融機関のリスク管理への応用

金額デュレーションの考え方を金融機関のリスク管理に応用することができる。現在の資産（assets）と負債（liabilities）が**図 10-2(a)**のようになっている銀行を想定しよう。この銀行の資産 A は，期間5年の固定金利貸出100億円であり，貸出金利 r_A は現在の貸出市場の金利と同じ5%である。一方，この銀行の負債 L は，期間1年の預金90億円であり，預金金利 r_L は現在の預金市場の金利と同じ3%である（1年後には3%の利息をつけて92.7億円を返済する）。

この銀行の資産と負債の差額，すなわち，純資産の現在価値は10億円である。これは，もし今，この銀行を清算する（資産をすべて現金化し

図 10-2
金額デュレーションによる銀行の金利リスク管理

(a) 金利上昇前

- 資産（貸出）
  100 億円
  金利 5%
- 負債（預金）
  90 億円
  金利 3%
- 資産負債差額（純資産）
  10 億円

(b) 金利上昇後

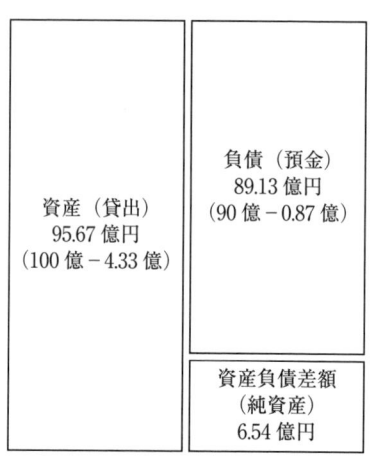

- 資産（貸出）
  95.67 億円
  （100 億 − 4.33 億）
- 負債（預金）
  89.13 億円
  （90 億 − 0.87 億）
- 資産負債差額（純資産）
  6.54 億円

て負債をすべて払い戻す）としたら，銀行の手元に 10 億円の現金が残ることを意味している（純資産がマイナスの銀行は，今清算すれば現金不足になる）。こうして，純資産の大きさは，銀行の支払い余力（安全性）を示す重要な指標となる。

以下にみるように，銀行の持つ資産（貸出）と負債（預金）の金額デュレーションを使えば，金利の変動が銀行の純資産に与える影響を分析することができる。

【まず，資産の金額デュレーション $D_{\$ \cdot A}$ を求める】

$$A = \frac{5}{1+r_A} + \frac{5}{(1+r_A)^2} + \frac{5}{(1+r_A)^3} + \frac{5}{(1+r_A)^4} + \frac{105}{(1+r_A)^5} \quad \text{より,}$$

$$\frac{dA}{dr_A} = -\frac{1}{1+r_A}\left\{1 \cdot \frac{5}{1+r_A} + 2 \cdot \frac{5}{(1+r_A)^2} + 3 \cdot \frac{5}{(1+r_A)^3}\right.$$
$$\left. + 4 \cdot \frac{5}{(1+r_A)^4} + 5 \cdot \frac{105}{(1+r_A)^5}\right\}$$

$$\left.\frac{dA}{dr_A}\right|_{r_A=0.05} = -\frac{1}{1.05}\left\{1 \cdot \frac{5}{1.05} + 2 \cdot \frac{5}{(1.05)^2} + 3 \cdot \frac{5}{(1.05)^3} + 4 \cdot \frac{5}{(1.05)^4}\right.$$
$$\left. + 5 \cdot \frac{105}{(1.05)^5}\right\}$$

$$= -\frac{1}{1.05}(4.762 + 9.070 + 12.958 + 16.454 + 411.351)$$

$$= -\frac{1}{1.05} \times 454.595$$

$$= -432.95 \quad (\Rightarrow \text{この絶対値 432.95 が資産の金額デュレーション} D_{\$ \cdot A} \text{である})$$

【次に，負債の金額デュレーション $D_{\$ \cdot L}$ を求める】

$$L = \frac{92.7}{1+r_L} \quad \text{より,}$$

$$\frac{dL}{dr_L} = -\frac{1}{1+r_L}\left\{1 \cdot \frac{92.7}{1+r_L}\right\}$$

$$\left.\frac{dL}{dr_L}\right|_{r_L=0.03} = -\frac{1}{1.03}\left\{1 \cdot \frac{92.7}{1.03}\right\}$$

$$= -\frac{1}{1.03} \times 90$$

$$= -87.38 \quad (\Rightarrow \text{この絶対値 87.38 が負債の金額デュレーション} D_{\$ \cdot L} \text{である})$$

今，貸出市場と預金市場の金利がともに1％幅上昇する（$\Delta r_A = \Delta r_L = 0.01$）と想定しよう。このとき，金額デュレーションを使って，銀行の資産価値の変化量 ΔA と負債価値の変化量 ΔL の近似値を求めるこ

とができる。

$$\Delta A \approx -D_{\$\cdot A} \cdot \Delta r_A = -432.95 \times 0.01 = -4.33 \text{ (億円)}$$
$$\Delta L \approx -D_{\$\cdot L} \cdot \Delta r_L = -87.38 \times 0.01 = -0.87 \text{ (億円)}$$

資産と負債の差額である純資産の変化量は,

$$\Delta(A-L) = \Delta A - \Delta L \approx -4.33 - (-0.87) = -3.46 \text{ (億円)}$$

となる（図10-2(**b**)）。

−3.46億円という純資産の減少額は，この銀行の貸出金利が今後5年間にわたって新たな市場金利（6%）を1%下回るのに対して，預金については，2年目以降新たな市場金利（4%）で調達しなければならないことから生じる損失額を現在価値で表したものである。この例のように，金額デュレーションを使えば，金利の変動が金融機関の純資産（支払い余力）に与える影響を分析することができる[2]。

資産と負債の金額デュレーションの差（$D_{\$\cdot A} - D_{\$\cdot L}$）の符号をみることも重要である。（$D_{\$\cdot A} - D_{\$\cdot L}$）が正である場合，金利の変動（$\Delta r_A = \Delta r_L$ と想定する）によって，資産の価値の方が負債の価値よりも大きく変化する。したがって，金利が上昇すると（資産の方が大きく減少するので）純資産が減少する。反対に，（$D_{\$\cdot A} - D_{\$\cdot L}$）が負である場合には，金利の変動によって負債の価値の方が大きく変化する。したがって，金利が低下すると（負債の方が大きく増加するので）純資産が減少する。（$D_{\$\cdot A} - D_{\$\cdot L}$）が0であれば，金利の変動によって生じる資産と負債の変化は同額であり，純資産の額は（近似的には）変化しない。このように（$D_{\$\cdot A} - D_{\$\cdot L}$）の符号は，金利の変動が純資産の変化に与える影響（方向性）を知るためのツールとなる[3]。

10.4 修正デュレーション

　金額デュレーションは，債券価格の近似的な変化額を与えるが，金利リスクの尺度として使用するには不都合な点もある。たとえば，価格が5円下がるといっても，100円のものが5円下がるのと150円のものが5円下がるのでは，インパクトが異なる（前者は5％の下落率であり，後者は3.33％の下落率である）。

　そこで，利回りの変動に伴って債券価格が何パーセント変化するのかという変化率 $\frac{\Delta P}{P}$ を使う方が一般に便利である[4]。利回りの変動 Δr に伴う債券価格の変化率については，次式で近似値を求めることができる。

$$\Delta P \approx -D_\$ \cdot \Delta r \quad \text{より,}$$

$$\frac{\Delta P}{P} \approx -\frac{D_\$}{P} \cdot \Delta r$$

　この式の $\frac{D_\$}{P}$，すなわち金額デュレーションを債券価格 P で割ったものを，**修正デュレーション**（Modified Duration）と呼ぶ。金額デュレーションの定義式（(10-2)式の絶対値）を使うと，修正デュレーション D_{mod} の定義式は次のようになる。

$$D_{\text{mod}} = \frac{D_\$}{P}$$

$$= \frac{-\dfrac{dP}{dr}}{P}$$

$$= \frac{1}{P} \cdot \frac{1}{1+r}\left\{1 \cdot \frac{C}{1+r} + 2 \cdot \frac{C}{(1+r)^2} + 3 \cdot \frac{C}{(1+r)^3} + \cdots \right.$$
$$\left. + n \cdot \frac{C+100}{(1+r)^n}\right\} \qquad (10\text{-}3)$$

この修正デュレーションを使えば，利回りの変動 Δr に伴う債券価格の変化率の近似値は，

$$\frac{\Delta P}{P} \approx -D_{\text{mod}} \cdot \Delta r$$

となる。

表面利率3％，残存期間3年の利付国債（額面100円分）について，現在の利回りを5％として，修正デュレーションを求めてみよう。

【まず，金額デュレーションを求める】

$$P = \frac{3}{1+r} + \frac{3}{(1+r)^2} + \frac{103}{(1+r)^3} \quad \text{より，}$$

$$\frac{dP}{dr} = -\frac{1}{1+r}\left\{1 \cdot \frac{3}{1+r} + 2 \cdot \frac{3}{(1+r)^2} + 3 \cdot \frac{103}{(1+r)^3}\right\}$$

$$\left.\frac{dP}{dr}\right|_{r=0.05} = -\frac{1}{1.05}\left\{1 \cdot \frac{3}{1.05} + 2 \cdot \frac{3}{(1.05)^2} + 3 \cdot \frac{103}{(1.05)^3}\right\}$$

$$= -\frac{1}{1.05}(2.857 + 5.442 + 266.926)$$

$$= -\frac{1}{1.05} \times 275.225$$

$$= -262.12 \quad (\Rightarrow \text{この絶対値 } 262.12 \text{ が金額デュレーション } D_\$ \text{ である})$$

【次に，債券の現在価格を求める】

$$P = \frac{3}{1.05} + \frac{3}{(1.05)^2} + \frac{103}{(1.05)^3} = 94.55 \text{ (円)}$$

【最後に，金額デュレーションを債券価格で割って，修正デュレーションを求める】

$$D_{\mathrm{mod}} = \frac{D_\$}{P} = \frac{262.12}{94.55} = 2.77$$

この金額デュレーションと修正デュレーションを使って，利回りが1％幅上昇するとき（$\Delta r = 0.01$のとき）の，債券価格の変化量と変化率の近似値を求めよう。

【債券価格の変化量】

$$\Delta P \approx -D_\$ \cdot 0.01 = -262.12 \times 0.01 = -2.62 \text{ (円)}$$

【債券価格の変化率】

$$\frac{\Delta P}{P} \approx -D_{\mathrm{mod}} \cdot 0.01 = -2.77 \times 0.01 = -0.0277 \, (-2.77\%)$$

利回りの1％幅の上昇によって，この債券の価格は近似的に2.62円，率にして2.77％下落する。この例からわかるように，修正デュレーションは，1％幅（0.01）の利回りの変動に伴う債券価格の（パーセントで表示された）変化率の近似値にほかならない。この債券で運用されるすべての資産は，投資金額（債券口数）の多寡に関係なく，利回りが1％幅上昇（低下）すると，価値が2.77％減少（増加）することになる。こうして，修正デュレーションは債券投資の金利リスクを表す有益な尺度となる。

債券投資において，修正デュレーションを積極的に活用することもできる。近い将来に金利が低下すると予想する投資家は，修正デュレーシ

ョンの大きい債券を買えばよい。予想どおり金利が下がれば，値上がり益（キャピタルゲイン）を得ることができる。

反対に，近い将来に金利が上昇すると予想する投資家は，修正デュレーションの小さい債券を選ぶべきである。予想どおりに金利が上がったとしても，値下がり損（キャピタルロス）を抑えることができる。

また，修正デュレーションの値（すなわち金利リスク）が同程度の債券の間で，利回りに差がある場合には，利回りの高い債券の方を割安と判断することができる。このような債券を購入して価格が上昇したら売却し，また，別の割安な債券を探して乗り換えていく，といった債券の売買戦略も可能である。

10.5 債券の長期運用に対する金利変動の影響

修正デュレーションは，債券購入後の短い期間に生じる価格変動のリスクを管理したり，それによって利益を得ようとしたりする場合に有用である。しかし，債券の投資家には，年金基金や生命保険会社のように，数年ないし数十年先という将来の資産額をターゲットとする者も多い。このような投資家にとって，金利変動の影響は，(10-1)式における割引率の変動によって現在の債券価格を変化させるだけにとどまらない。

たとえば金利の上昇は，足元で債券価格の下落をもたらすが，長期的には満期までの各年に受け取る利息をより高い金利で運用できる，という有利な効果をもたらす。反対に金利の低下は，足元で債券価格の上昇をもたらすが，長期的には受け取る利息をより低い金利でしか運用できなくなる，という不利な効果をもたらす。

このように，将来の資産額をターゲットとする債券運用では，金利の変動によって，現在の債券価格だけでなく，利息を再投資する金利も変化する。これを**再投資リスク**と呼ぶ。前述のように，金利の上昇（低下）は現在の債券価格にとっては不利（有利）である一方，再投資金利にとっては有利（不利）となる。

図 10-3
債券の長期運用に対する金利変動の影響

投資資産の価値（円）

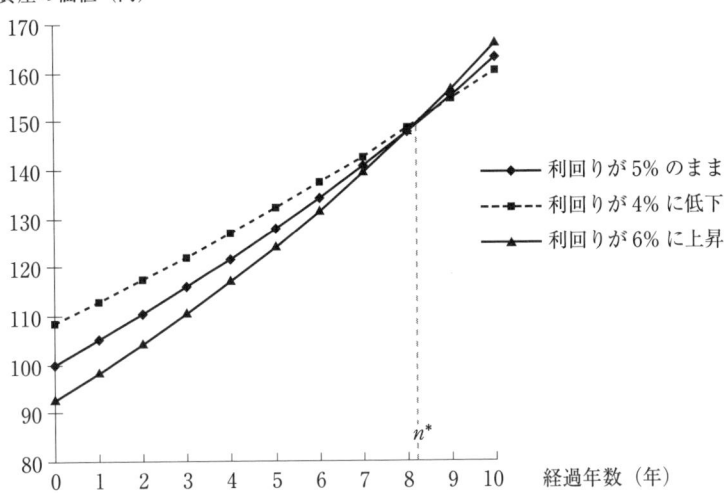

凡例:
- 利回りが5%のまま
- 利回りが4%に低下
- 利回りが6%に上昇

横軸: 経過年数（年）、n^* は8年付近

　そこでまず，**図 10-3** を使って，金利の変動が債券の長期運用に与える影響を視覚的に分析してみよう。ここでは，表面利率5%，残存期間10年の利付国債に投資することを想定する。また，現在の金利は5%であるが，投資した直後に1%幅の上昇もしくは低下という変動が生じうるものとする。さらに，この変動が生じた後は，金利はずっと一定であり，毎年受け取る利息も，この新たな金利で複利運用されるものとする[5]。

　図 10-3 は，このとき，債券（額面100円分）に投資した資産の価値がどのように変化するかを示している。

　この図をみると，まず，金利の変動が生じなかった場合には，現在価格の100円からスタートして，各年の利息を5%で複利運用する結果，10年後の資産総額は162.89円となる。投資直後に金利が1%幅上昇して6%になった場合には，価格がまず92.63円に低下するが，一方で，利息を6%で運用できるという効果が徐々に効いてくるため，10年後の資産総額は165.90円と金利の変動がない場合よりも大きくなる。反対に投資直後に金利が4%に低下する場合は，現在の価格が108.11円に値

上がりするが,利息を4%でしか運用できないという影響が徐々に効いてくるため,10年後の資産総額は最も少ない160.03円となる。

このように,長期の債券運用では,金利の変動が債券価格と再投資金利の両方に影響を与えるため,金利の変動が全体として有利なのか不利なのかは運用する期間によって異なってくる。

さらに興味深いことに,図10-3をみると,およそ8年にあたる n^* 年が経過した時点で,3本のグラフが一点で交わっている。つまり,投資直後に金利が変動しても,n^* 年というある特別な年数が経過した時点での資産総額は,金利変動前に予定していたものと変わらないことになる。これは債券の長期運用にとって重要な意味を持つことから,次節で数学的に検討しよう。

10.6　マコーレーのデュレーション

金利の変動が債券の長期運用に与える影響を分析するためには,ターゲットとなる将来の資産総額を金利 r の関数として表現する必要がある。この関数が定義できれば,その導関数を使って,金利の変動が将来の資産総額に与える影響を分析することができる。

まず具体的に,残存期間5年の利付国債に現時点（$t=0$）で投資したときの,3年先（$t=3$）の資産総額 V_3 を考えてみよう。3年間に受け取った利息の運用成果と,残存期間が2年となった債券の処分価値を別々に表すと,次のようになる。

【3年間に受け取る利息の運用成果】　$C(1+r)^2 + C(1+r) + C$

【残存期間が2年となった債券の処分価値】　$\dfrac{C}{1+r} + \dfrac{C+100}{(1+r)^2}$

この2つを合計したものが,3年後に見込まれる資産総額 V_3 となる。

$$V_3 = C(1+r)^2 + C(1+r) + C + \frac{C}{1+r} + \frac{C+100}{(1+r)^2} \quad (10\text{-}4)$$

ここで，現時点（$t=0$）での債券価格 P は，

$$P = \frac{C}{1+r} + \frac{C}{(1+r)^2} + \frac{C}{(1+r)^3} + \frac{C}{(1+r)^4} + \frac{C+100}{(1+r)^5}$$

であるから，(10-4)式を次のように書き換えることができる。

$$V_3 = P \cdot (1+r)^3$$

これを一般化すると，金利 r のもとで，現在の価格が P という債券に投資した資産の，n 年後の資産総額 V_n は次の式で与えられる[6]。

$$V_n = P \cdot (1+r)^n \quad (10\text{-}5)$$

この式を r で微分すれば，金利の変動が将来の資産総額に与える影響を調べることができる。P も r の関数であることから，(10-5)式は r の関数同士の積である。そこで，第9章（9.3節）の関数同士の積に関する微分の計算規則を使って微分すると，

$$\frac{dV_n}{dr} = \frac{dP}{dr} \cdot (1+r)^n + P \cdot n \cdot (1+r)^{n-1}$$

となる。導関数 $\dfrac{dV_n}{dr}$ の符号が正（負）であれば，n 年後の資産総額 V_n は，金利 r が上昇すると増加（減少）することになる。

この導関数の符号は，資産を運用する期間 n がある値より大きいときには正になり，それより小さいときには負になる。n がちょうどこの

境目にあるときには，導関数の値（微分係数）が0となるので，V_nは金利の微小な変動によっては変化しない。これはまさに，図10-3でいうと運用期間がn^*であることを意味する。そこで，前記の導関数の値を0とおいて，このn^*を一般的に求めてみよう。

$$\frac{dP}{dr}\cdot(1+r)^{n^*}+P\cdot n^*\cdot(1+r)^{n^*-1}=0$$

両辺を$(1+r)^{n^*-1}$で割ると，

$$\frac{dP}{dr}\cdot(1+r)+P\cdot n^*=0$$

両辺をPで割ると，

$$\frac{\frac{dP}{dr}}{P}\cdot(1+r)+n^*=0$$

$$n^*=-\frac{\frac{dP}{dr}}{P}\cdot(1+r)$$
$$=D_{\mathrm{mod}}\cdot(1+r) \quad (10\text{-}6)$$

こうして，債券投資の直後に金利が変動しても，資産総額が金利変動前に予定していたものと不変であるような運用期間n^*を導くことができた。これは，修正デュレーションD_{mod}に$(1+r)$をかけたものであり，**マコーレーのデュレーション**（Macaulay's Duration）と呼ばれている。修正デュレーションを定義した(10-3)式に$(1+r)$をかけて，マコーレーのデュレーションD_{MAC}を定義すると，

$$D_{MAC} = D_{\text{mod}} \cdot (1+r)$$

$$= \frac{1}{P}\left\{1 \cdot \frac{C}{1+r} + 2 \cdot \frac{C}{(1+r)^2} + 3 \cdot \frac{C}{(1+r)^3} + \cdots + n \cdot \frac{C+100}{(1+r)^n}\right\}$$

$$= 1 \cdot \frac{\frac{C}{1+r}}{P} + 2 \cdot \frac{\frac{C}{(1+r)^2}}{P} + 3 \cdot \frac{\frac{C}{(1+r)^3}}{P} + \cdots + n \cdot \frac{\frac{C+100}{(1+r)^n}}{P}$$

(10-7)

となる。

(10-7)式は,債券のもたらす各年のキャッシュフローについて,「発生するまでの年数×そのキャッシュフローの現在価値が債券価格に占める割合」を順番に足していったものになっている。換言すれば,マコーレーのデュレーションとは,キャッシュフローの現在価値の比率をウエイトとして,それぞれのキャッシュフローが発生するまでの年数を加重平均したものである[7]。

(10-7)式を使って,図10-3で使用した利付国債のマコーレーのデュレーションを求めてみよう。投資の直前においては,金利が5%で債券価格が100円であるから,

$$D_{MAC} = 1 \cdot \frac{\frac{5}{1.05}}{100} + 2 \cdot \frac{\frac{5}{(1.05)^2}}{100} + 3 \cdot \frac{\frac{5}{(1.05)^3}}{100} + 4 \cdot \frac{\frac{5}{(1.05)^4}}{100}$$

$$+ 5 \cdot \frac{\frac{5}{(1.05)^5}}{100} + 6 \cdot \frac{\frac{5}{(1.05)^6}}{100} + 7 \cdot \frac{\frac{5}{(1.05)^7}}{100} + 8 \cdot \frac{\frac{5}{(1.05)^8}}{100}$$

$$+ 9 \cdot \frac{\frac{5}{(1.05)^9}}{100} + 10 \cdot \frac{\frac{105}{(1.05)^{10}}}{100}$$

$$= 0.048 + 0.091 + 0.130 + 0.165 + 0.196$$
$$\quad + 0.224 + 0.249 + 0.271 + 0.290 + 6.446$$
$$= 8.11 \text{ (年)}$$

となる。したがって，投資直後に金利が多少変動しても，この債券で運用する資産の 8.11 年後の総額にはほとんど影響がないことになる[8]。

マコーレーのデュレーションは，ある計画期間が経過した時点で，一定の資産額を確保する必要のある運用主体にとって非常に有用である。なぜなら，その計画期間（年数）と同じマコーレーのデュレーションを持つ債券（もしくは次節でみる債券ポートフォリオ）で資金を運用すれば，金利が多少変動しても，計画期間終了時の資産の総額にはほとんど影響がないからである。このような投資手法を**イミュニゼーション**と呼ぶ。イミュニゼーション（immunization）は「免疫化」という意味であるが，ここでは，計画期間終了時の資産総額が金利の変動に対して免疫化されていることを指している。

図 10-3 の例を使うと，今の金利が 5% であるとして，8.11 年後に 100 万円を確保する必要がある投資家は，100 万円の現在価値，すなわち $\dfrac{100}{(1.05)^{8.11}}$（万円）をこの債券に投資しておけばよい。8.11 年後の資産総額は，金利が 5% で変動しない場合には当然 100 万円になるが，投資直後に金利が多少変動しても，やはり 100 万円に極めて近い額になる。

イミュニゼーション運用は，年金基金などが（金利リスクと再投資リスクという）金利変動の影響をコントロールする方法として効果的である。ただし，いったんイミュニゼーションを行っても，その後の金利変動や時間の経過によって，保有する債券のマコーレーのデュレーションと計画期間の残存年数の間にずれが生じてくる。そのため，イミュニゼーション運用を行う場合には，定期的に保有債券のリバランス（銘柄の入れ替え）を行う必要がある。

なお，マコーレーのデュレーションは，キャッシュフローが発生するまでの年数の加重平均であることから，（満期時のみにキャッシュフローが発生する）割引債のマコーレーのデュレーションは，残存年数そのものとなる。実際，金利がどんなに変動しても，割引国債（額面 100 円分）に投資した資産の額は，満期時には必ず 100 円になる。したがって，計画期間と一致する残存年数を持つ割引国債に投資すれば，将来の資産総

額に関する金利変動の影響を完全に除去することができる。利付国債を使ったイミュニゼーション運用は，このような割引国債がない場合の代替的な運用手法である。

　イミュニゼーションは，金利動向に対する判断を放棄して一定の資産総額を確保するパッシブ（受身的）な運用である。これに対して，金利動向を予想して高いリターンをねらうアクティブ（積極的）な運用を，マコーレーのデュレーションを使って行うこともできる。(10-6)式を導出した過程からこれを説明しよう。

　この導出過程をみると，$n > n^*$ であれば $\dfrac{dV_n}{dr} > 0$ となる。これは，計画期間 n が n^* よりも長いとき，r の増加（金利の上昇）によって，計画期間終了時の資産総額 V_n が増大することを意味する。そこで，今後金利が上昇すると予想する投資家にとっては，計画期間よりも短いマコーレーのデュレーションを持つ債券を保有する（$n > n^*$ とする）のが得策となる。図 10-3 の国債を例にとると，8.11 年よりも長い計画期間を持ち，かつ金利の上昇を予想する投資家にとって，この国債は魅力的な投資対象となる。

　また，同じく(10-6)式の導出過程から，$n < n^*$ のときは，$\dfrac{dV_n}{dr} < 0$ となる。これは，計画期間 n が n^* よりも短いときには，r の減少（金利の低下）によって，計画期間終了時の資産総額 V_n が増大することを意味する。そこで，今後金利が低下すると予想する投資家にとっては，計画期間よりも長いマコーレーのデュレーションを持つ債券を保有する（$n < n^*$ とする）のが得策となる。図 10-3 の国債の例では，8.11 年よりも短い計画期間を持ち，かつ金利の低下を予想する投資家にとって，この国債は魅力的な投資対象となる。

　このようなアクティブ運用は，金利が投資家の予想どおりに動けば，パッシブ運用よりも高い成果をもたらすが，金利が予想と反対の方向に動いた場合には，パッシブ運用を下回る成果となる。

10.7　ポートフォリオのデュレーション

　本節では，複数の債券で作る債券ポートフォリオのデュレーションを検討する。AとBという2つの債券に投資するポートフォリオを使って考えよう。ポートフォリオ全体の投資金額（現在価値）を M, そのうち債券Aに投資する金額（現在価値）を M_A, 債券Bに投資する金額（現在価値）を M_B と表記する。ポートフォリオの金額デュレーション $D_{\$ \cdot P}$ と修正デュレーション $D_{\mathrm{mod} \cdot P}$ は，個別の債券のときと同様に以下の性質を持つ。

$$\Delta M \approx -D_{\$ \cdot P} \cdot \Delta r \quad (10\text{-}8)$$

$$\frac{\Delta M}{M} \approx -D_{\mathrm{mod} \cdot P} \cdot \Delta r \quad (10\text{-}9)$$

　まず，ポートフォリオの金額デュレーション $D_{\$ \cdot P}$ を検討しよう。ポートフォリオ全体の金額 M の変化は，それぞれの債券に投資している金額（M_A と M_B）の変化を合計したものである。また，各債券に投資している金額の変化は，現在の投資金額に債券価格の変化率をかけたものである。債券Aを例にとると，利回り r_A の変動 Δr_A に伴う M_A の変化額 ΔM_A は，債券Aの修正デュレーションを使って次のように近似できる。

$$\Delta M_A \approx M_A \cdot (-D_{\mathrm{mod} \cdot A} \cdot \Delta r_A)$$

　そこで，ポートフォリオ全体の価値の変化額 ΔM の近似値は，

$$\begin{aligned} \Delta M &= \Delta M_A + \Delta M_B \\ &\approx M_A \cdot (-D_{\mathrm{mod} \cdot A} \cdot \Delta r_A) + M_B \cdot (-D_{\mathrm{mod} \cdot B} \cdot \Delta r_B) \end{aligned}$$

となる。ここで，2つの債券の間で利回りの変動幅が同じである（$\Delta r_A = \Delta r_B = \Delta r$）と仮定すれば，

$$\Delta M \approx M_A \cdot (-D_{\mathrm{mod} \cdot A} \cdot \Delta r) + M_B \cdot (-D_{\mathrm{mod} \cdot B} \cdot \Delta r)$$
$$= -(M_A \cdot D_{\mathrm{mod} \cdot A} + M_B \cdot D_{\mathrm{mod} \cdot B}) \cdot \Delta r$$

となり，これを先の(10-8)式と比較すれば，

$$D_{\$ \cdot P} = M_A \cdot D_{\mathrm{mod} \cdot A} + M_B \cdot D_{\mathrm{mod} \cdot B}$$

であることがわかる。つまり，（利回りの変動幅が同じと仮定すれば）債券ポートフォリオの金額デュレーションは，各々の債券の投資金額にその修正デュレーションをかけたものの総和となる。

次に，ポートフォリオの修正デュレーション $D_{\mathrm{mod} \cdot P}$ は，金額デュレーション $D_{\$ \cdot P}$ を現在の資産価値 M で割ったものなので，

$$D_{\mathrm{mod} \cdot P} = \frac{D_{\$ \cdot P}}{M}$$
$$= \frac{M_A}{M} \cdot D_{\mathrm{mod} \cdot A} + \frac{M_B}{M} \cdot D_{\mathrm{mod} \cdot B}$$

である。つまり，（利回りの変動幅が同じと仮定すれば）ポートフォリオの修正デュレーションは，各債券の修正デュレーションを，投資金額の比率をウエイトとして加重平均したものになる。

最後に，マコーレーのデュレーションは，(10-6)式でみたように修正デュレーションに $(1+r)$ をかけたものである。これをポートフォリオで考えるためには，利回りの変動幅 Δr だけでなく利回り r の水準も2つの債券の間で同じである（$r_A = r_B = r$）と仮定する必要がある[9]。この仮定が満たされれば，次のように，ポートフォリオのマコーレーのデュレーション $D_{MAC \cdot P}$ は，（共通の利回り r を使って求めた）各債券のマコー

レーのデュレーションを，投資金額の比率をウエイトとして加重平均したものになる[10]。

$$D_{MAC \cdot P} = D_{\text{mod} \cdot P} \cdot (1+r)$$

$$= \left(\frac{M_A}{M} \cdot D_{\text{mod} \cdot A} + \frac{M_B}{M} \cdot D_{\text{mod} \cdot B} \right) \cdot (1+r)$$

$$= \frac{M_A}{M} \cdot D_{\text{mod} \cdot A} \cdot (1+r) + \frac{M_B}{M} \cdot D_{\text{mod} \cdot B} \cdot (1+r)$$

$$= \frac{M_A}{M} \cdot D_{MAC \cdot A} + \frac{M_B}{M} \cdot D_{MAC \cdot B} \qquad (10\text{-}10)$$

10.8　ポートフォリオによるイミュニゼーション

　2つの債券で作るポートフォリオを使ったイミュニゼーションの例を示そう。3年後に100万円を支払うという債務を持つX社が，この支払いに備えて債券運用を行うと想定する。現在の金利が5%である（スポットレートカーブが5%で水平である）とすると，金利の変動に備えるベストな方法は，残存期間3年の割引国債（額面100万円分）を，$(100 \div (1.05)^3 =)$ 86.38万円で購入することである。そのような割引債が存在しないため，次の2つの利付国債が投資対象としてピックアップされたとする。X社は，86.38万円を，この2つの債券にどのような比率で投資すればよいだろうか。

	表面利率	残存期間	価格（額面100円につき）	利回り
国債A	3%	2年	96.28円	5%
国債B	7%	4年	107.09円	5%

3年後の資産総額を一定にするには，ポートフォリオのマコーレーのデュレーションを3年にすればよい。そこでまず，それぞれの債券のマコーレーのデュレーションを求める。

【債券A】

$$1 \cdot \frac{\frac{3}{1.05}}{96.28} + 2 \cdot \frac{\frac{103}{(1.05)^2}}{96.28} = 1.97 \,(年)$$

【債券B】

$$1 \cdot \frac{\frac{7}{1.05}}{107.09} + 2 \cdot \frac{\frac{7}{(1.05)^2}}{107.09} + 3 \cdot \frac{\frac{7}{(1.05)^3}}{107.09} + 4 \cdot \frac{\frac{107}{(1.05)^4}}{107.09} = 3.64 \,(年)$$

次に，2つの債券のマコーレーのデュレーションの加重平均が3年になるような投資比率（ウエイト）を求める。債券Aへの投資比率をX_Aとすると，債券Bへの投資比率は$(1-X_A)$なので，

$$1.97 X_A + 3.64(1-X_A) = 3 \quad \text{より，}$$
$$X_A = 0.38$$

となり，債券Aの投資比率として0.38，債券Bの投資比率として0.62が得られる。86.38万円をこの比率で配分すると，債券Aへの投資金額は32.82万円，債券Bへの投資金額は53.56万円となる。債券Aを3,409口購入すると（96.28×3,409＝）32.82万円，債券Bを5,001口購入すると（107.09×5,001＝）53.56万円となり，求められた投資金額に一致する。

このようにして決定したポートフォリオによってイミュニゼーションがうまく機能することを確かめるために，投資直後に金利が6％に上昇したケースと4％に下落したケースについて3年後の資産総額を計算し

てみよう。

【金利が6%に上昇するケース】
① 債券Aによる運用部分の3年後の金額
(2年間に受け取る利息と元本は年率6%で再投資される)
1口あたり　　　$3 \times (1.06)^2 + 103 \times 1.06 = 112.55$円
3,409口の合計　　$112.55 \times 3,409 = 38.37$万円

② 債券Bによる運用部分の3年後の金額
(3年後に売却する債券は割引率6%で評価される)
1口あたり　　　$7 \times (1.06)^2 + 7 \times 1.06 + 7 + \frac{107}{1.06} = 123.23$円

5,001口の合計　　$123.23 \times 5,001 = 61.63$万円
3年後の資産総額（①+②）　$38.37 + 61.63 = 100.00$万円

【金利が4%に低下するケース】
① 債券Aによる運用部分
(2年間に受け取る利息と元本は年率4%で再投資される)
1口あたり　　　$3 \times (1.04)^2 + 103 \times 1.04 = 110.36$円
3,409口の合計　　$110.36 \times 3,409 = 37.62$万円

② 債券Bによる運用部分
(3年後に売却する債券は割引率4%で評価される)
1口あたり　　　$7 \times (1.04)^2 + 7 \times 1.04 + 7 + \frac{107}{1.04} = 124.74$円

5,001口の合計　　$124.74 \times 5,001 = 62.38$万円
3年後の資産総額（①+②）　$37.62 + 62.38 = 100.00$万円

以上から，X社がポートフォリオのマコーレーのデュレーションを使ってイミュニゼーションを行えば，金利が上下に1%幅変動しても3年後の資産総額は極めて100万円に近くなることを確認できた。

なお，実際には投資時に各債券の利回りが同じであるとは限らない。

そこで通常は、ポートフォリオに組み入れられるすべての債券の利回りの平均値を使ってマーコレーのデュレーションを計算する。また、前節で述べたように、いったんイミュニゼーションを行った後も、その後の金利変動や時間の経過に対応して、定期的なポートフォリオのリバランス（銘柄の入れ替えや投資比率の再設定）が必要となる。

---- **本章に関連する発展的なトピックス** ----

コンベクシティ（債券価格変化率の2次までの近似），条件付イミュニゼーション

確認問題

1. 額面100円，表面利率4％，残存期間5年という債券（年1回利払い）について，金額デュレーション，修正デュレーション，マコーレーのデュレーションを求めなさい。ただし，現在の利回りを3％とする。また，この結果を使って，利回りが1％幅上昇した場合と1％幅低下した場合における，債券価格の変化額と変化率の近似値を求めなさい。

2. 金融機関における資産と負債の差額（純資産）は，支払い余力の指標となる。金融機関の中でも，一般に，銀行の負債は，預金など短期のものが主体であり，生命保険会社の負債は，保険契約に基づく長期のものが主体である。X銀行とY生命保険という2つの金融機関について，資産と負債の時価とそれぞれの修正デュレーションが次図のとおりであるとする。両社のデュレーション・ギャップを計算し，金利の上昇が両社の純資産にどのような影響を与えるか述べなさい（本章の注3を参照のこと）。また，すべての市場金利が1％幅上昇した場合と1％幅低下した場合に，両社の純資産がそれぞれいくらになるか，デュレーションを使った近似値で求めなさい。

X銀行

短期資産 5兆円 $D_{mod}=2$	負債 9兆円 $D_{mod}=1$
長期資産 5兆円 $D_{mod}=10$	資産負債差額 （純資産） 1兆円

Y生命保険

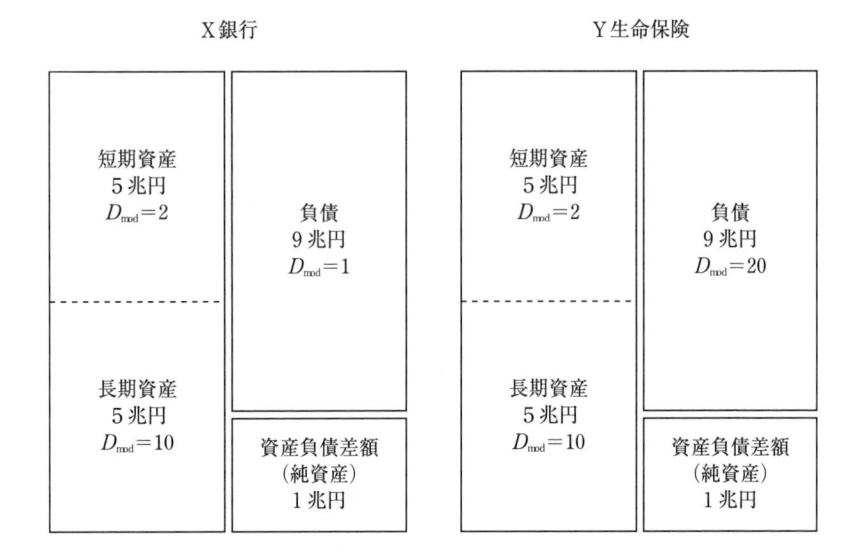

短期資産 5兆円 $D_{mod}=2$	負債 9兆円 $D_{mod}=20$
長期資産 5兆円 $D_{mod}=10$	資産負債差額 （純資産） 1兆円

3．Z社は，5年後に1,000万円の支払い予定があり，これに備えて債券運用を行おうとしている。Z社は，投資対象として，2つの利付国債AとB（いずれも額面100円，年1回利払い）をピックアップした。このとき以下の設問に答えなさい。ただし，現在のスポットレートカーブは5％で水平であり，金利の変動としては，Z社が債券を購入した直後に1度だけスポットレートカーブの平行移動がありうるものとする。

	表面利率	残存期間	価格（額面100円につき）	利回り
国債A	7％	5年	108.66円	5％
国債B	5％	7年	100.00円	5％

（1）現在の金利水準（5％で水平なスポットレート）を前提とするとき，Z社が5年後の支払いに備えて現在投資すべき資産の額を求めなさい。

(2) Ｚ社が上記(1)の金額をすべて債券Ａで運用するとしたら，どのようなリスクがあるか説明しなさい。

(3) Ｚ社が上記(1)の金額をすべて債券Ｂで運用するとしたら，どのようなリスクがあるか説明しなさい。

(4) 金利が変動しても５年後に支払い予定額を確保できるようにするためには，Ｚ社が上記(1)の金額を債券Ａと債券Ｂにどのような比率で投資すればよいか答えなさい。

[注]

1. 本章は，債券投資のリスクのうち，金利の変動に伴うもの（金利リスクおよび10.5節以降で扱う再投資リスク）に焦点をあてる。債券投資のリスクには，このほかに，信用リスク，流動性リスクなどがある。
2. ここでは，金利が今すぐ１回だけ変動するものと想定している。このように，デュレーションを使った計算は，すぐに生じる１回限りの金利変動の影響を測定するものである。
3. 金額デュレーションの差（$D_{\$ \cdot A} - D_{\$ \cdot L}$）は，次節の修正デュレーションを使って以下のように変形できる（AとLは資産と負債の現在価値，$D_{\text{mod} \cdot A}$と$D_{\text{mod} \cdot L}$は資産と負債の修正デュレーションである）。

$$D_{\$ \cdot A} - D_{\$ \cdot L} = A \cdot D_{\text{mod} \cdot A} - L \cdot D_{\text{mod} \cdot L}$$
$$= A \left(D_{\text{mod} \cdot A} - \frac{L}{A} D_{\text{mod} \cdot L} \right)$$

この式のカッコの中をデュレーション・ギャップと呼ぶ。デュレーション・ギャップの符号が正（負）であれば，金額デュレーションの差（$D_{\$ \cdot A} - D_{\$ \cdot L}$）が正（負）であり，金利の上昇（低下）によって銀行の純資産が減少する。
4. この変化率$\frac{\Delta P}{P}$に100をかけたものがパーセント表示の変化率になる。
5. これらの仮定は，スポットレートカーブが（現時点では5%で）水平であり，このスポットレートカーブが1%の幅で上もしくは下に平行移動するような金利の変動が起こりうることを意味している。
6. より簡潔には，スポットレートカーブが水平で，どの１年間についても金利がrである場合，現在価値P円の資産のn年後の価値は，$V_n = P \cdot (1+r)^n$，すなわち(10-5)式で与えられる。
7. キャッシュフローが発生するまでの年数を，現在価値の比率をウエイトにして加重平均するというアイデアは，フレデリック・マコーレーによって1938年に提唱された。前出の修正デュレーションは，マコーレーのデュレーションを（$1+r$）で割って修正することから名づけられたものである。実際の計算方法としても，「キャッシュフローが発生するまでの年数×そのキャッシュフローの現在価値が債券価値に占める割合」を順番に足してまずマコーレーのデュレーションを求め，次に，それを（$1+r$）で割って修正デュレーションを求めることが多い。
8. 金利rが投資直後に１回だけ変動すると想定して，rの変動によって，この債券（額面100円分）で運用する資産のn年後の資産総額V_nがどのように変化するのかをシミュレーションしたのが下の図である。この図からも，マコーレーのデュレーション（8.11年）に近い$n=8$のケースでは，利回りが現在の5%から変動してもV_nがかなり安定的であ

ることを確認できる。なお，下の図で $n=0$ のグラフは，この債券の利回り価格曲線にほかならない。

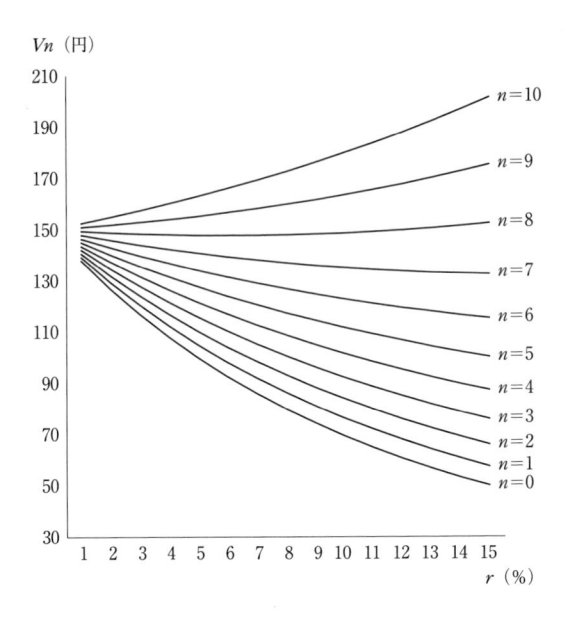

V_n（円）

（グラフ：横軸 r（％）1〜15，縦軸 30〜210。$n=0$ から $n=10$ までの10本の曲線が描かれており，$r=1$ 付近で約150に集まり，r が大きくなると n が大きいほど上方に，n が小さいほど下方に分岐する。）

9．利回りの変動幅（Δr）も当然，すべての債券に共通であると想定される。
10．個別の債券のときと同様に，ポートフォリオのマコーレーのデュレーションも，「キャッシュフローの現在価値の比率をウエイトとする，キャッシュフローが発生するまでの年数の加重平均」である。今，ポートフォリオのうち債券A（債券B）への投資部分がもたらす n 年目のキャッシュフローを $CF(n)_A(CF(n)_B)$ と表す。ポートフォリオ全体がもたらす n 年目のキャッシュフローは $CF(n)_A + CF(n)_B$ となる。このとき，上記の加重平均が本文(10-10)式のポートフォリオの $D_{MAC\text{-}P}$ と一致することを以下に示す（N は期間が長い方の債券の残存期間であり，短い方の債券については，満期の翌年から N までの $CF(n)$ は0である）。

ポートフォリオ全体における「キャッシュフローの現在価値の比率をウエイトとする，キャッシュフローが発生するまでの年数の加重平均」

$$= 1 \cdot \frac{\frac{CF(1)_A + CF(1)_B}{1+r}}{M} + 2 \cdot \frac{\frac{CF(2)_A + CF(2)_B}{(1+r)^2}}{M} + \cdots + N \cdot \frac{\frac{CF(N)_A + CF(N)_B}{(1+r)^N}}{M}$$

$$
\begin{aligned}
&= \left(1 \cdot \frac{\frac{CF(1)_A}{1+r}}{M} + 2 \cdot \frac{\frac{CF(2)_A}{(1+r)^2}}{M} + \cdots + N \cdot \frac{\frac{CF(N)_A}{(1+r)^N}}{M}\right) \\
&\quad + \left(1 \cdot \frac{\frac{CF(1)_B}{1+r}}{M} + 2 \cdot \frac{\frac{CF(2)_B}{(1+r)^2}}{M} + \cdots + N \cdot \frac{\frac{CF(N)_B}{(1+r)^N}}{M}\right) \\
&= \frac{1}{M}\left(1 \cdot \frac{CF(1)_A}{1+r} + 2 \cdot \frac{CF(2)_A}{(1+r)^2} + \cdots + N \cdot \frac{CF(N)_A}{(1+r)^N}\right) \\
&\quad + \frac{1}{M}\left(1 \cdot \frac{CF(1)_B}{1+r} + 2 \cdot \frac{CF(2)_B}{(1+r)^2} + \cdots + N \cdot \frac{CF(N)_B}{(1+r)^N}\right) \\
&= \frac{M_A}{M}\left(1 \cdot \frac{\frac{CF(1)_A}{1+r}}{M_A} + 2 \cdot \frac{\frac{CF(2)_A}{(1+r)^2}}{M_A} + \cdots + N \cdot \frac{\frac{CF(N)_A}{(1+r)^N}}{M_A}\right) \\
&\quad + \frac{M_B}{M}\left(1 \cdot \frac{\frac{CF(1)_B}{1+r}}{M_B} + 2 \cdot \frac{\frac{CF(2)_B}{(1+r)^2}}{M_B} + \cdots + N \cdot \frac{\frac{CF(N)_B}{(1+r)^N}}{M_B}\right)
\end{aligned}
$$

この式の $\frac{M_A}{M}\left(\frac{M_B}{M}\right)$ にかかるカッコの中は，債券A（債券B）への投資部分のマコーレーのデュレーションであり，債券A（債券B）1口分のマコーレーのデュレーションと同じであるから，

$$
= \frac{M_A}{M} \cdot D_{MAC \cdot A} + \frac{M_B}{M} \cdot D_{MAC \cdot B}
$$

である。

第11章
確率変数の基礎知識

11.1 確率変数と確率分布

　本章では，リスクとリターンの関係を分析するための基礎となる確率変数について学ぶ。**確率変数**とは，いくつかのとりうる値を持ち，それぞれの値をとる確率があらかじめ与えられている変数のことである。サイコロの目は確率変数の代表例であり，とりうる値が1から6までの6通りで，それぞれの値をとる確率が1/6である。これを次のような表にまとめることができる。

とりうる値	1	2	3	4	5	6
確率	1/6	1/6	1/6	1/6	1/6	1/6

　また，この表の内容を，**図11-1**のように，横軸にとりうる値，縦軸に確率をとったグラフで表すこともできる。これらの表やグラフのように，ある確率変数について，とりうる値と確率を対応させたものを**確率分布**と呼ぶ。

　本書では，ある変数（文字）が確率変数である場合には，文字の上に

図 11-1
サイコロの目の確率分布

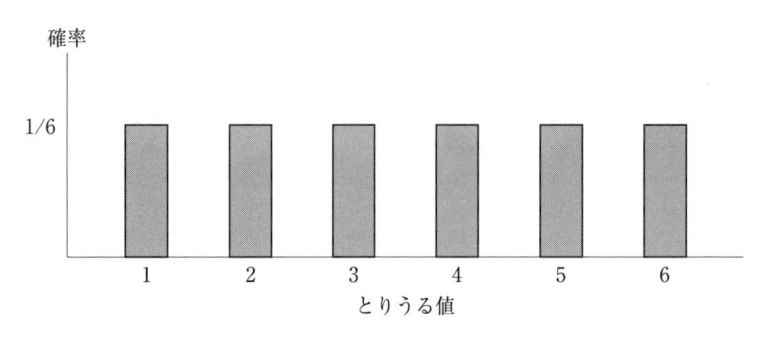

「〜（チルダ）」をつける。また，原則として確率変数は大文字で表記し，とりうる値を小文字で表す。

一般に，確率変数 $\widetilde{X}$ について，とりうる値が $(x_1, x_2, \cdots, x_n)$ であり，それぞれの値をとる確率が $(p_1, p_2, \cdots, p_n)$ で与えられるとき，$\widetilde{X}$ の確率分布は次の表のようになる[1]。

とりうる値 (x_i)	x_1	x_2	$\cdots$	x_n
確率 (p_i)	p_1	p_2	$\cdots$	p_n

また，確率 $(p_1, p_2, \cdots, p_n)$ をすべて足すと1になる。これを $\sum$ 記号を使って表すと，

$$\sum_{i=1}^{n} p_i = 1$$

となる。

ファイナンスでは一般に，証券に投資するにあたって事前に予想される収益率（事前の収益率）を確率変数として扱う。たとえば，証券Aに今後1年間投資したときに起こりうる収益率を $\widetilde{R_A}$ とし，$\widetilde{R_A}$ に3通り

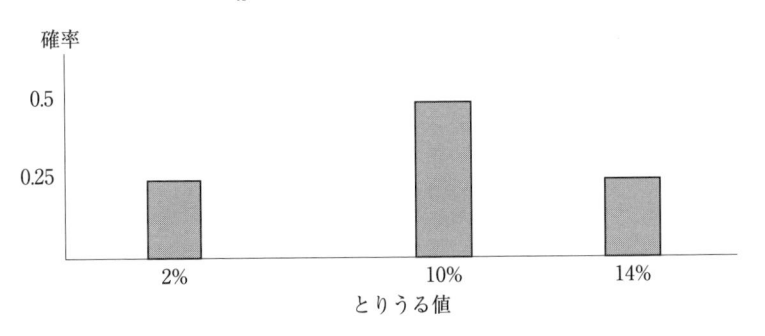

図 11-2
証券Aの事前の収益率 $\widetilde{R}_A$ の確率分布

の結果がありうる場合，その確率分布は次の表のようになる。

とりうる値（収益率）	2%	10%	14%
確率	0.25	0.5	0.25

この $\widetilde{R}_A$ の確率分布をグラフで表したものが**図 11-2**である。

11.2 期待値

確率変数のとりうる値のうち，どの値が実現するのかは事前にはわからない。しかし，確率分布の中心となる値，すなわち平均的に予想される値を計算することは可能である。これを**期待値**（Expectation）と呼び，確率をウエイトにしたとりうる値の加重平均として定義する。一般に，確率変数 $\widetilde{X}$ の期待値を $E(\widetilde{X})$ あるいは μ_X と表す[2]。本書では，確率をウエイトにして加重平均するという期待値の計算過程に焦点をあてるときには $E(\widetilde{X})$ と表記し，計算された期待値の値に焦点をあてるときには μ_X と表記する。期待値の定義式は次のとおりである[3]。

$$E(\widetilde{X}) \equiv \mu_X = p_1 \cdot x_1 + p_2 \cdot x_2 + \cdots + p_n \cdot x_n$$
$$= \sum_{i=1}^{n} p_i \cdot x_i \quad (11\text{-}1)$$

前節の証券Aの事前の収益率 $\widetilde{R_A}$ の期待値を求めよう。

$$E(\widetilde{R_A}) = 0.25 \times 2 + 0.5 \times 10 + 0.25 \times 14 = 9\ (\%)$$

表記の仕方を変えると，$\mu_{R_A} = 9\ (\%)$ となる。

期待値を**平均**と呼ぶこともある。ただし，期待値は，確率をウエイトとして用いるため，とりうる値の単純（算術）平均とは異なる。サイコロの目のように，すべてのとりうる値の確率，すなわちウエイトが等しい場合に限り，この2つが一致する。

サイコロの目の期待値
$$= \frac{1}{6} \times 1 + \frac{1}{6} \times 2 + \frac{1}{6} \times 3 + \frac{1}{6} \times 4 + \frac{1}{6} \times 5 + \frac{1}{6} \times 6$$
$$= \frac{1+2+3+4+5+6}{6} \quad (\leftarrow \text{とりうる値の単純平均})$$
$$= 3.5$$

11.3　分散と標準偏差

とりうる値が，期待値を中心として，その両側にどのようにばらついているのかということも確率変数に関する重要な情報である。ばらつきの尺度として，まず思いつくのは，それぞれのとりうる値が期待値からどれくらい離れているかを求めて，それを確率をウエイトにして加重平

均することである。これは，$(x_i-\mu_X)$ の期待値であるから，$E(\widetilde{X}-\mu_X)$ と表すことができる。これを計算すると，

$$
\begin{aligned}
E(\widetilde{X}-\mu_X) &= p_1(x_1-\mu_X)+p_2(x_2-\mu_X)+\cdots+p_n(x_n-\mu_X) \\
&= (p_1\cdot x_1+p_2\cdot x_2+\cdots+p_n\cdot x_n)-(p_1+p_2+\cdots+p_n)\times\mu_X \\
&= \mu_X-\mu_X \\
&= 0
\end{aligned}
$$

となる。このように，$(x_i-\mu_X)$ は，確率をウエイトにして加重平均すると，どんな確率変数についても0になってしまう。これは期待値からの離れ具合である $(x_i-\mu_X)$ の値が，μ_X より大きい x_i については正，μ_X より小さい x_i については負となり，全体で打ち消し合う結果である。これではばらつきの尺度にならないので，$(x_i-\mu_X)$ をすべて2乗して，正の値にしてから加重平均するというアイデアが生まれる[4]。これを**分散** (Variance) と呼び，確率変数 $\widetilde{X}$ の分散を $Var(\widetilde{X})$ あるいは σ_X^2 と表す。分散についても，本書では，計算過程に焦点をあてるときには $Var(\widetilde{X})$ と表記し，計算された値に焦点をあてるときには σ_X^2 と表記する。分散の定義式は次のとおりである[5]。

$$
\begin{aligned}
Var(\widetilde{X}) \equiv \sigma_X^2 &= E[(\widetilde{X}-\mu_X)^2] \\
&= p_1(x_1-\mu_X)^2+p_2(x_2-\mu_X)^2+\cdots+p_n(x_n-\mu_X)^2 \\
&= \sum_{i=1}^{n} p_i(x_i-\mu_X)^2 \quad\quad\quad (11\text{-}2)
\end{aligned}
$$

ところで，分散を求める過程で2乗するという計算を行ったため，もとのデータ（確率変数のとりうる値）の単位も2乗されている。たとえば，とりうる値の単位が「円」であれば，分散の単位は「円²（円の2乗）」である。単位がもとのデータとそろうように，分散のルート（正の平方根）をとったものを**標準偏差** (Standard Deviation) と呼ぶ。確率変数 $\widetilde{X}$ の標準偏差 σ_X は次のように定義される。

$$\sigma_X = \sqrt{Var(\widetilde{X})} = \sqrt{E[(\widetilde{X}-\mu_X)^2]} \qquad (11\text{-}3)$$

図11-2の確率分布をもとに，証券Aの事前の収益率 $\widetilde{R}_A$ の分散と標準偏差を求めよう。

【分散】
$$\begin{aligned}
Var(\widetilde{R}_A) &= E[(\widetilde{R}_A - \mu_{R_A})^2] \\
&= 0.25 \times (2-9)^2 + 0.5 \times (10-9)^2 + 0.25 \times (14-9)^2 \\
&= 0.25 \times (-7)^2 + 0.5 \times (1)^2 + 0.25 \times (5)^2 \\
&= 12.25 + 0.5 + 6.25 \\
&= 19\ (\%)^2
\end{aligned}$$

表記の仕方を変えると，$\sigma_{R_A}^2 = 19\ (\%)^2$ となる。

【標準偏差】
$$\sigma_{R_A} = \sqrt{19} = 4.36\ (\%)$$

分散と標準偏差は，ともにばらつきの尺度であるが，単位がもとのデータと同じである標準偏差の方が，確率変数のばらつきをイメージしやすい。特に正規分布という代表的な確率分布を使うときには，期待値と標準偏差を使って重要な情報を得ることができる。

正規分布というのは，左右対称な釣鐘型の確率分布であり，**図11-3(a)**はその例である。これは，とりうる値が切れ目なく並んでいる連続型の確率分布であり，図のaとbという2つの値の間に実現値の入る確率が，網掛け部分の面積によって与えられる（釣鐘全体の面積は1である）。正規分布に従う確率変数（確率分布として正規分布を持つ確率変数）については，図11-3(b)に示すように，期待値 ±1 標準偏差の値（$\mu-\sigma$ と $\mu+\sigma$）で作った範囲に実現値が入る確率（釣鐘のこの部分の面積が全体に占める割合）が68％である。また，期待値 ± 2 標準偏差の値（$\mu-2\sigma$ と $\mu+2\sigma$）で作った範囲に実現値が入る確率（この部分の面積の

図 11-3
正規分布とその特徴

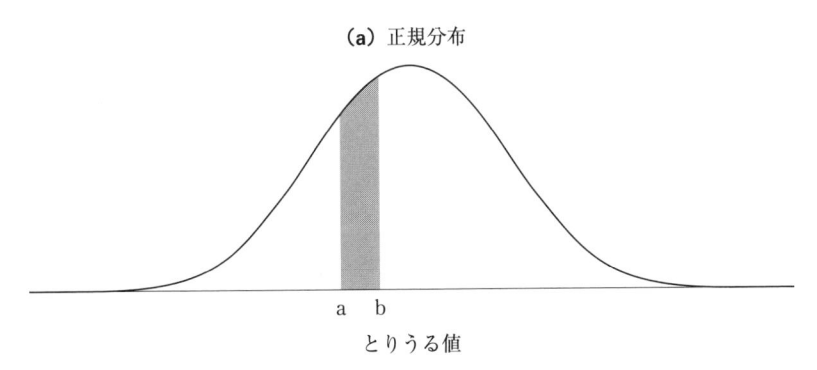

(a) 正規分布

a　b
とりうる値

(b) 期待値と標準偏差で作られた範囲に実現値が入る確率

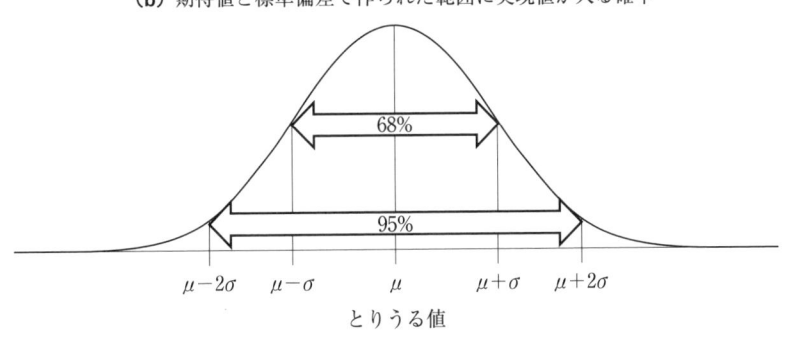

68%
95%

$\mu-2\sigma$　$\mu-\sigma$　μ　$\mu+\sigma$　$\mu+2\sigma$
とりうる値

割合)が95%である。このことからわかるように，ある確率変数が正規分布に従うならば，その期待値と標準偏差さえわかれば，結果の表れ方（確率分布）を特定することができる。

　正規分布はきれいな釣鐘型であり，現実離れしているようにもみえる。しかしながら，世の中の多くの現象，特にさまざまな要因がからんで生じる現象の起こり方は，正規分布によって近似することが可能とされている。ファイナンスでも，証券の事前の収益率を正規分布に従う確率変数と想定することが多い。そのように想定すれば，事前の収益率の期待値と標準偏差だけが投資の意思決定において考慮すべき要素となる[6]。

次の第12章では，このようなアプローチを使って証券投資の意思決定を分析する。

11.4　2つの確率変数の関係

本節では，確率変数が2つ同時に存在するときに両者の関係を表す尺度を考える。具体的には，一方が大きい（小さい）値をとるときに，他方も大きい（小さい）値をとる傾向があるのか，もしくはその逆で，一方が大きい（小さい）値をとるときには，他方は小さい（大きい）値をとる傾向があるのか，といった情報を与える尺度である。2つの確率変数の間に，前者のように同調する傾向がある場合には**正の相関**があるといい，後者のようにあべこべになる傾向がある場合には**負の相関**があるという。

具体例を使って分析しよう。今後1年間の証券Aの収益率 $\widetilde{R}_A$ と証券Bの収益率 $\widetilde{R}_B$ について，次の3通りの結果がありうるものとする。

$\widetilde{R}_A$ のとりうる値	2%	10%	14%
$\widetilde{R}_B$ のとりうる値	10%	6%	2%
確率	0.25	0.5	0.25

この2つの確率変数の分布をひとつの図で表したものが**図11-4**である（これを同時分布という）。これに対して先の図11-2は，この図を横軸側の真正面から見ることにより，$\widetilde{R}_A$ の確率分布だけを示したものである（これを周辺分布という）。$\widetilde{R}_A$ についてはすでに計算したとおり，$\mu_{R_A} = 9$（%）である。また $\widetilde{R}_B$ については，上の確率分布を用いて計算すれば $\mu_{R_B} = 6$（%）である。**図11-5**は図11-4を真上から見て平面的に表したものである（円の中の数字が確率である）。また，この図では，$\widetilde{R}_A$ と $\widetilde{R}_B$ のそれぞれの期待値のところに直線を引いて，平面を4つの

図 11-4
$\widetilde{R}_A$ と $\widetilde{R}_B$ の同時分布

$\widetilde{R}_B$ のとりうる値

$\widetilde{R}_A$ のとりうる値

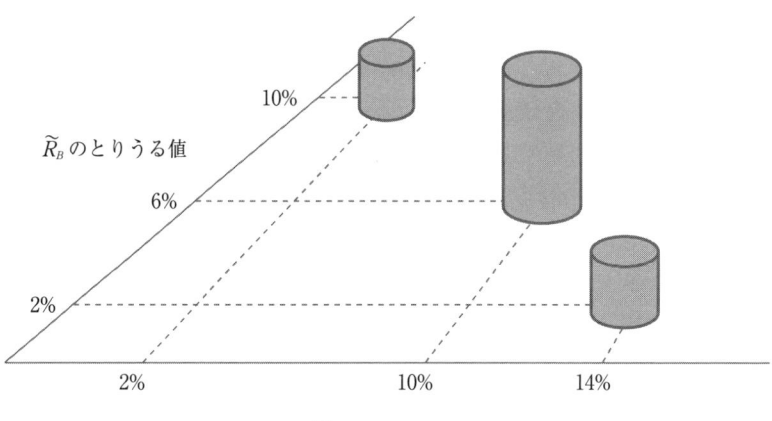

図 11-5
$\widetilde{R}_A$ と $\widetilde{R}_B$ の同時分布を上から見た図

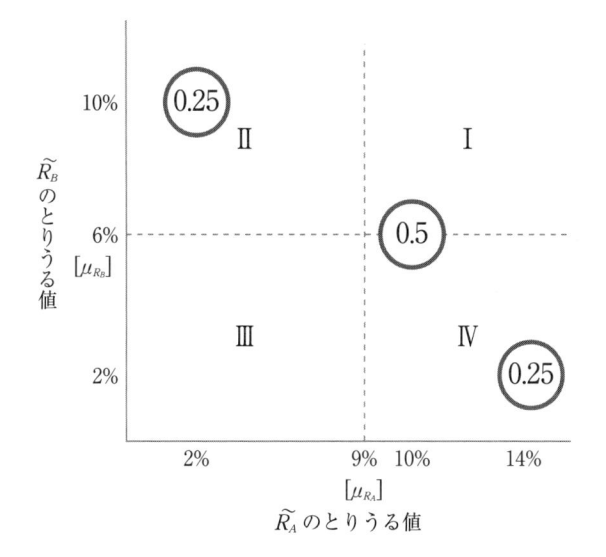

$\widetilde{R}_B$ のとりうる値 $[\mu_{R_B}]$

$\widetilde{R}_A$ のとりうる値 $[\mu_{R_A}]$

図 11-6
2つの確率変数 $\widetilde{X}$ と $\widetilde{Y}$ の同時分布（散布図）の例

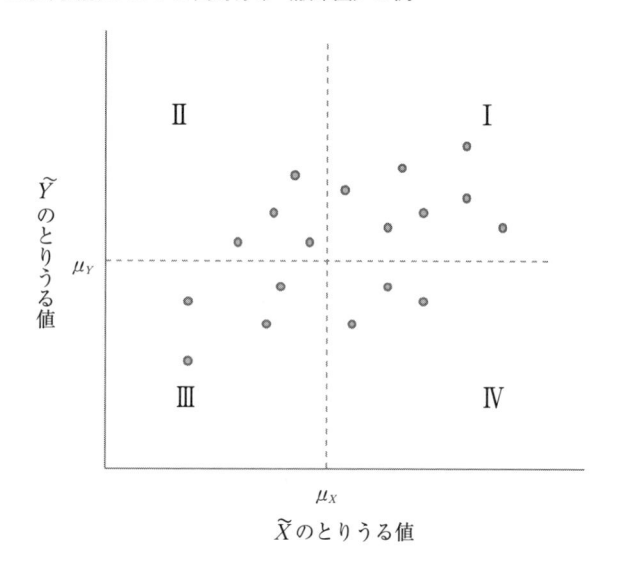

象限に分割している。

　図 11-5 のような図を，2 つの確率変数を $\widetilde{X}$ と $\widetilde{Y}$ として，より一般的に表したものが図 11-6 である。この図では，各点 (x_i, y_i) が実現する確率はすべて等しいものとする（つまりこの図は散布図である）。また，図 11-6 でも，$\widetilde{X}$ と $\widetilde{Y}$ のそれぞれの期待値のところに直線を引いて，座標面を 4 つの象限に分割している。このとき $\widetilde{X}$ と $\widetilde{Y}$ という 2 つの確率変数の間には，第Ⅰ象限と第Ⅲ象限により多くの点が存在すれば正の相関があり，反対に第Ⅱ象限と第Ⅳ象限により多くの点が存在すれば負の相関があることになる。

　どちらの相関があるのかを調べるために，まず，すべての点について $(x_i - \mu_X)$ と $(y_i - \mu_Y)$ を計算する。たとえば，第Ⅰ象限の点であれば，x_i は μ_X より大きいので $(x_i - \mu_X)$ の符号が正であり，y_i は μ_Y より大きいので $(y_i - \mu_Y)$ の符号も正である。この結果，これらをかけ合わせた $(x_i - \mu_X)(y_i - \mu_Y)$ の符号も正となる。他の象限についても同じような考察をすると，次の表のようになる。

	第Ⅰ象限	第Ⅱ象限	第Ⅲ象限	第Ⅳ象限
$(x_i-\mu_X)$の符号	+	−	−	+
$(y_i-\mu_Y)$の符号	+	+	−	−
$(x_i-\mu_X)(y_i-\mu_Y)$の符号	+	−	+	−

　$(x_i-\mu_X)(y_i-\mu_Y)$の符号をみると，正の相関に寄与する第Ⅰ，第Ⅲ象限では正であり，負の相関に寄与する第Ⅱ，第Ⅳ象限では負である。そこで，この$(x_i-\mu_X)(y_i-\mu_Y)$の全体での平均（確率をウエイトとする加重平均）が正か負かをみれば，どちらの傾向が強いのかを判断することができる[7]。これを**共分散**（Covariance）と呼び，2つの確率変数$\widetilde{X}$と$\widetilde{Y}$との共分散を$Cov(\widetilde{X}, \widetilde{Y})$あるいは$\sigma_{XY}$と表す。共分散についても，本書では，計算過程に焦点をあてるときには$Cov(\widetilde{X}, \widetilde{Y})$と表記し，計算された値に焦点をあてるときには$\sigma_{XY}$と表記する。共分散の定義式は次のとおりである[8]。

$$Cov(\widetilde{X}, \widetilde{Y}) \equiv \sigma_{XY} = E[(\widetilde{X}-\mu_X)(\widetilde{Y}-\mu_Y)]$$
$$= \sum_{i=1}^{n} p_i (x_i-\mu_X)(y_i-\mu_Y) \quad (11\text{-}4)$$

　上の議論からわかるように，共分散が正（負）のとき，2つの確率変数の間には正（負）の相関が存在する。具体的に，先の2つの証券の事前の収益率$\widetilde{R}_A$と$\widetilde{R}_B$の共分散を求めよう。

$$Cov(\widetilde{R}_A, \widetilde{R}_B) = 0.25 \times (2-9)(10-6) + 0.5 \times (10-9)(6-6)$$
$$+ 0.25 \times (14-9)(2-6)$$
$$= -7 + 0 + (-5)$$
$$= -12 \ (\%)^2$$

　表記の仕方を変えると，$\sigma_{R_A R_B} = -12 \ (\%)^2$ となる。

共分散が負であるから，2つの証券の収益率の間には，一方が高い（低い）ときには他方が低い（高い）という負の相関がある。これは図11-5から観察される傾向と一致している。

　共分散は，分散と同様にもとのデータとは単位が異なる。この問題を解消すると同時に，非常に有益な情報を与える尺度として**相関係数**（Correlation Coefficient）がある。2つの確率変数$\widetilde{X}$と$\widetilde{Y}$の相関係数はρ_{XY}と表記され，次の式で定義される[9]。

$$\rho_{XY} = \frac{\sigma_{XY}}{\sigma_X \cdot \sigma_Y} \tag{11-5}$$

　すなわち，相関係数は，共分散を標準偏差の積で割ったものである[10]。標準偏差は常に正なので，相関係数の符号は分子の共分散の符号で決まる。したがって，2つの確率変数の間に正（負）の相関があれば，相関係数は正（負）である。さらに，相関係数は必ず-1以上1以下の値となる（すなわち$-1 \leq \rho_{XY} \leq 1$である）[11]。相関係数が-1であれば，すべての点(x_i, y_i)が右下がりの一直線上に並ぶ完全な負の相関を意味し，相関係数が1であれば，それらが右上がりの一直線上に並ぶ完全な正の相関を意味する。また，相関係数が0のときにはどちらの傾向もない無相関である。**図11-7**に示したいくつかの相関係数とそれに対応する散布図の例を見れば，相関関係の値の持つ意味がつかめるだろう。

　最後に，先の2つの証券の事前の収益率$\widetilde{R_A}$と$\widetilde{R_B}$の相関係数を求めよう。$\widetilde{R_A}$についてはすでに計算したとおり，$\sigma_{R_A} = 4.36$（％）である。また$\widetilde{R_B}$については，確率分布の表を用いて計算すると$\sigma_{R_B} = 2.83$（％）である。これらを使って，$\widetilde{R_A}$と$\widetilde{R_B}$の相関係数は，

$$\rho_{R_A R_B} = \frac{-12}{4.36 \times 2.83} = -0.97$$

となる。相関係数が-1に近いことから，$\widetilde{R_A}$と$\widetilde{R_B}$の間には，かなり強

図 11-7
いろいろな相関係数とその散布図の例

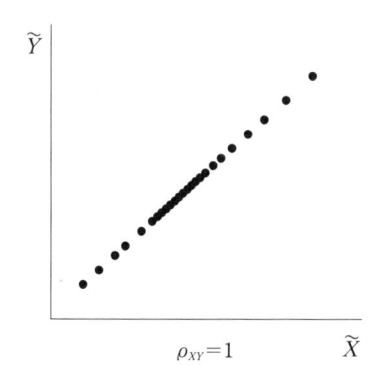

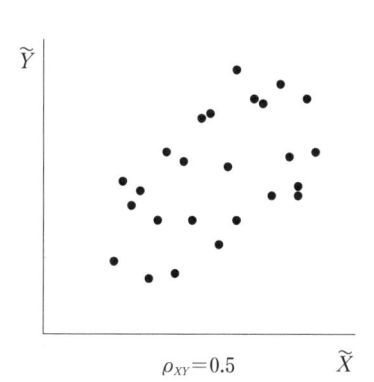

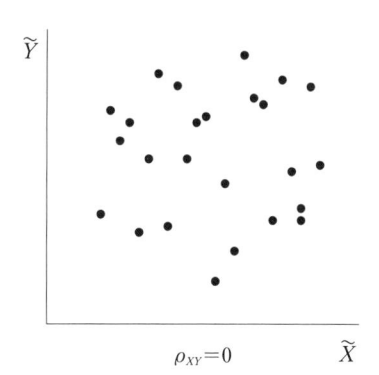

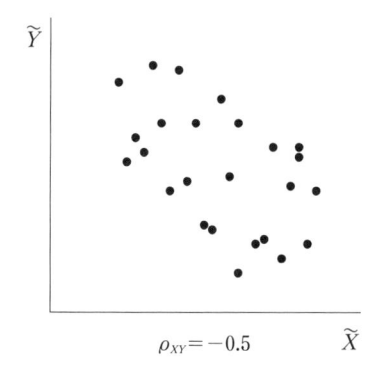

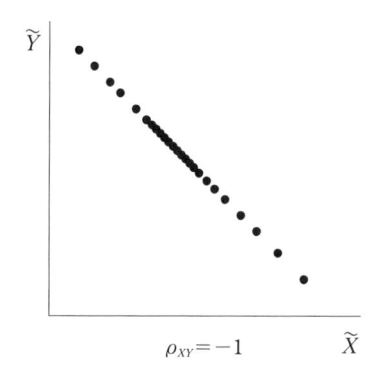

$\rho_{XY}=1$

$\rho_{XY}=0.5$

$\rho_{XY}=0$

$\rho_{XY}=-0.5$

$\rho_{XY}=-1$

い負の相関があることがわかる。

本章に関連する発展的なトピックス

さまざまな確率分布（一様分布，二項分布など），確率変数の一次変換（特に標準化）とその期待値・分散・標準偏差

〔確認問題〕

1. ある証券の1年間の事前の収益率が，正規分布に従う確率変数であり，その期待値が10％，標準偏差が7％であるとする。この株式に1年間投資するとき，68％の確率で収益率が実現する範囲（下限と上限）を求めなさい。また，95％の確率で収益率が実現する範囲（下限と上限）を求めなさい。

2. 2つの証券CとDの事前の収益率（$\widetilde{R}_C$, $\widetilde{R}_D$）について次のような確率分布が想定されているとき，以下の設問に答えなさい。

$\widetilde{R}_C$ のとりうる値	3％	7％	10％	15％
$\widetilde{R}_D$ のとりうる値	6％	2％	8％	5％
確率	0.25	0.25	0.25	0.25

(1) $\widetilde{R}_C$ の期待値，分散，標準偏差を求めなさい。
(2) $\widetilde{R}_D$ の期待値，分散，標準偏差を求めなさい。
(3) $\widetilde{R}_C$ と $\widetilde{R}_D$ の共分散と相関係数を求めなさい。

[注]

1. 本書では，とりうる値が（たとえば自然数のように）とびとびになっている確率変数を使って説明する。このような確率変数を離散型確率変数と呼ぶ。これに対して，とりうる値が連続的であるような確率変数を連続型確率変数と呼ぶ。本章の11.3節で触れる正規分布は，連続型確率変数の確率分布の代表例である。
2. μ（ギリシャ文字）の読み方はミューである。
3. 以下，表記の仕方のみを変える場合に「≡」という記号を用いる。
4. $(x_i - \mu_X)$ の絶対値を確率をウエイトとして加重平均し，それをばらつきの尺度とすることも考えられるが，これは数学的に処理することが困難であるため，ほとんど利用されない。
5. σ（ギリシャ文字）の読み方はシグマである。したがって σ_X^2 は「シグマ X の 2 乗」と読む。
6. 個々の証券の事前の収益率が正規分布に従うとき，それらを組み合わせて作る資産（ポートフォリオ）全体の事前の収益率も正規分布に従うことになる。本文で述べたように，正規分布は期待値と標準偏差だけで特定されるので，投資家の意思決定は，資産全体の事前の収益率について，この 2 つをどのように選ぶべきかという問題に絞られることになる。
7. ちなみに，図11-6のような散布図であれば，n 個の点の各々が実現する確率は，すべて同じ $\frac{1}{n}$ である。
8. この定義式からもわかるように，同じ確率変数同士の共分散 $(Cov(\widetilde{X}, \widetilde{X}))$ は，その確率変数の分散 $(Var(\widetilde{X}))$ にほかならない。
9. ρ（ギリシャ文字）の読み方はローである。
10. 相関係数は，分子と分母が同じ単位であるため，単位のない無名数となる。これは，500円を1,000円で割ると 0.5 という両者の比を表す無名数になるのと同じである。
11. この証明については，統計学の文献を参照されたい。

第12章 ポートフォリオ理論

12.1 確率変数の加重和

ポートフォリオ理論とは，資産を複数の証券に分けて投資するとき，すなわち，ポートフォリオを作るときのリスクとリターンに関する理論である。前章のように証券の事前の収益率を確率変数として扱う場合，ポートフォリオの事前の収益率がいくつかの確率変数を足し合わせたものになることは容易に想像できるであろう。

そこでまず，10円玉と5円玉を1枚ずつ投げるコイントスゲームの例で，確率変数の足し算を考えてみよう。このゲームでは，10円玉は，表が出れば10点，裏が出れば2点とする。したがって10円玉だけの期待値は6点である。また5円玉は，表が出れば5点，裏が出れば1点とする。したがって5円玉だけの期待値は3点である。

10円玉と5円玉がともに表になる確率を $p_{表\cdot表}$，10円玉が表で5円玉が裏になる確率を $p_{表\cdot裏}$ などと表記すると，このコイントスゲームの結果の現れ方（確率分布）は次の表のようになる。

10円玉の点\5円玉の点	5	1	計
10	$p_{表・表}$	$p_{表・裏}$	➡ $p_{10円玉=表}$
2	$p_{裏・表}$	$p_{裏・裏}$	➡ $p_{10円玉=裏}$
計	⬇ $p_{5円玉=表}$	⬇ $p_{5円玉=裏}$	1

　この表の最右列にある $p_{10円玉=表}$ は，$p_{表・表}$ と $p_{表・裏}$ を足したものであり，（5円玉の結果に関係なく）10円玉が表となる確率である。同様に，最下行の $p_{5円玉=表}$ は，$p_{表・表}$ と $p_{裏・表}$ の和であり，（10円玉の結果に関係なく）5円玉が表となる確率である。

　2枚のコインの合計点をゲームの得点とするとき，このゲームで平均的に期待できる得点，すなわち期待値は何点だろうか。合計点もひとつの確率変数なので，これを $\widetilde{S}$ と表記すると，この表の4通りの結果を用いて，$\widetilde{S}$ の期待値は以下のように計算される。

$$E(\widetilde{S}) = p_{表・表} \times (10+5) + p_{表・裏} \times (10+1) + p_{裏・表} \times (2+5) + p_{裏・裏} \times (2+1)$$

この式の各項を展開して，それぞれのコインの点数（とりうる値）ごとにまとめると，

$$\begin{aligned}E(\widetilde{S}) &= (p_{表・表} + p_{表・裏}) \times 10 + (p_{裏・表} + p_{裏・裏}) \times 2 + (p_{表・表} + p_{裏・表}) \times 5 \\ &\quad + (p_{表・裏} + p_{裏・裏}) \times 1 \\ &= (p_{10円玉=表} \times 10 + p_{10円玉=裏} \times 2) + (p_{5円玉=表} \times 5 + p_{5円玉=裏} \times 1)\end{aligned}$$

となる。これは，10円玉だけについての期待値と5円玉だけについての期待値の和であり，確率に具体的な数値を入れると，

$$E(\widetilde{S}) = \left(\frac{1}{2} \times 10 + \frac{1}{2} \times 2\right) + \left(\frac{1}{2} \times 5 + \frac{1}{2} \times 1\right)$$
$$= 6 + 3$$
$$= 9 \,(\text{点})$$

である。このように，2つの確率変数の和の期待値は，それぞれの確率変数の期待値を足したもの（つまり期待値の和）になる。

2つの確率変数を $\widetilde{X}$ と $\widetilde{Y}$ として，$\widetilde{X}$ のとりうる値が n 個，$\widetilde{Y}$ のとりうる値が m 個あるという一般的な場合を考えよう。このとき，確率分布は下の表のようになる。

$\widetilde{X}$ のとりうる値 \ $\widetilde{Y}$ のとりうる値	y_1	y_2	$\cdots$	y_m	計
x_1	$p_{1\cdot 1}$	$p_{1\cdot 2}$	$\cdots$	$p_{1\cdot m}$	➡ $p_{\widetilde{X}=x_1}$
x_2	$p_{2\cdot 1}$	$p_{2\cdot 2}$	$\cdots$	$p_{2\cdot m}$	➡ $p_{\widetilde{X}=x_2}$
$\vdots$	$\vdots$	$\vdots$	$\ddots$	$\vdots$	$\vdots$
x_n	$p_{n\cdot 1}$	$p_{n\cdot 2}$	$\cdots$	$p_{n\cdot m}$	➡ $p_{\widetilde{X}=x_n}$
計	⬇ $p_{\widetilde{Y}=y_1}$	⬇ $p_{\widetilde{Y}=y_2}$	$\cdots$	⬇ $p_{\widetilde{Y}=y_m}$	1

さらに，$\widetilde{X}$ と $\widetilde{Y}$ の単純な和ではなく，それぞれに正の定数 a と b をかけてから足すことを考えよう[1]。こうして作る新しい確率変数を $\widetilde{Z}$ とすると，

$$\widetilde{Z} = a \cdot \widetilde{X} + b \cdot \widetilde{Y}$$

である。この $\widetilde{Z}$ のように，複数の確率変数に定数（重み）をかけて足し

たものを**確率変数の加重和（一次結合）**と呼ぶ（先のコイントスゲームは，$a = b = 1$ という場合に相当する）。

それでは実際に，加重和 $\widetilde{Z}$ の期待値や分散を求めてみよう。まず期待値は，上のコイントスゲームのときと同様の手順で計算できる。

$$E(\widetilde{Z}) = E(a \cdot \widetilde{X} + b \cdot \widetilde{Y})$$
$$= p_{1 \cdot 1}(a \cdot x_1 + b \cdot y_1) + p_{1 \cdot 2}(a \cdot x_1 + b \cdot y_2) + \cdots + p_{n \cdot m}(a \cdot x_n + b \cdot y_m)$$

この式の各項を展開して，$\widetilde{X}$ と $\widetilde{Y}$ のとりうる値ごとにまとめると，

$$\begin{aligned}
&= a(p_{1 \cdot 1} + p_{1 \cdot 2} + \cdots + p_{1 \cdot m})x_1 + a(p_{2 \cdot 1} + p_{2 \cdot 2} + \cdots + p_{2 \cdot m})x_2 + \cdots \\
&\quad + a(p_{n \cdot 1} + p_{n \cdot 2} \cdots + p_{n \cdot m})x_n \\
&\quad + b(p_{1 \cdot 1} + p_{2 \cdot 1} + \cdots + p_{n \cdot 1})y_1 + b(p_{1 \cdot 2} + p_{2 \cdot 2} + \cdots + p_{n \cdot 2})y_2 + \cdots \\
&\quad + b(p_{1 \cdot m} + p_{2 \cdot m} + \cdots + p_{n \cdot m})y_m \\
&= a(p_{\widetilde{X} = x_1} \cdot x_1 + p_{\widetilde{X} = x_2} \cdot x_2 + \cdots + p_{\widetilde{X} = x_n} \cdot x_n) \\
&\quad + b(p_{\widetilde{Y} = y_1} \cdot y_1 + p_{\widetilde{Y} = y_2} \cdot y_2 + \cdots + p_{\widetilde{Y} = y_m} \cdot y_m) \\
&= a \cdot E(\widetilde{X}) + b \cdot E(\widetilde{Y})
\end{aligned} \quad (12\text{-}1)$$

であり，表記の仕方を変えると，

$$\mu_Z = a \cdot \mu_X + b \cdot \mu_Y \quad (12\text{-}1')$$

となる。こうして，加重和の期待値は，μ_X と μ_Y のそれぞれに，加重和を定義したときの定数 a と b をかけて足したもの（つまり期待値の加重和）になる。

次に，加重和 $\widetilde{Z}$ の分散を求めよう。まず，前章で学んだ分散の定義から，

$$Var(\widetilde{Z}) = E[(\widetilde{Z} - \mu_Z)^2]$$

である。この式の$\widetilde{Z}$とμ_Zを加重和に書き換えて変形すると，

$$Var(\widetilde{Z}) = E[\{(a\cdot\widetilde{X}+b\cdot\widetilde{Y})-(a\cdot\mu_X+b\cdot\mu_Y)\}^2]$$
$$= E[\{a(\widetilde{X}-\mu_X)+b(\widetilde{Y}-\mu_Y)\}^2]$$
$$= E[a^2(\widetilde{X}-\mu_X)^2+b^2(\widetilde{Y}-\mu_Y)^2+2ab(\widetilde{X}-\mu_X)(\widetilde{Y}-\mu_Y)]$$

となる。ここで(12-1)式を利用して，足し算で区切られた各項ごとに$E[\ ]$を分け，それぞれの定数部分を$E[\ ]$の前に出すと，

$$Var(\widetilde{Z}) = a^2\cdot E[(\widetilde{X}-\mu_X)^2]+b^2\cdot E[(\widetilde{Y}-\mu_Y)^2]$$
$$+2ab\cdot E[(\widetilde{X}-\mu_X)(\widetilde{Y}-\mu_Y)]$$

となる。これは，前章の分散と共分散の定義から，

$$Var(\widetilde{Z}) = a^2\cdot Var(\widetilde{X})+b^2\cdot Var(\widetilde{Y})+2ab\cdot Cov(\widetilde{X},\widetilde{Y})$$

であり，表記の仕方を変えると，

$$\sigma_Z^2 = a^2\cdot\sigma_X^2+b^2\cdot\sigma_Y^2+2ab\cdot\sigma_{XY} \qquad (12\text{-}2)$$

となる。このように，$\widetilde{X}$と$\widetilde{Y}$の加重和$\widetilde{Z}$の分散は，$\widetilde{X}$の分散，$\widetilde{Y}$の分散，$\widetilde{X}$と$\widetilde{Y}$の共分散の3つを用いて求めることができる。

$\widetilde{Z}$の標準偏差は，分散のルート（正の平方根）であるから，

$$\sigma_Z = \sqrt{\sigma_Z^2} = \sqrt{a^2\cdot\sigma_X^2+b^2\cdot\sigma_Y^2+2ab\cdot\sigma_{XY}} \qquad (12\text{-}3)$$

である。

ところで，$\widetilde{Z}$の分散を表す(12-2)式は，相関係数の定義式（第11章の(11-5)式）を使って，共分散の部分を書き換えると，

$$\sigma_Z^2 = a^2 \cdot \sigma_X^2 + b^2 \cdot \sigma_Y^2 + 2ab \cdot \rho_{XY} \cdot \sigma_X \cdot \sigma_Y \qquad (12\text{-}4)$$

となる。この(12-4)式から、$\widetilde{X}$ と $\widetilde{Y}$ の標準偏差(σ_X と σ_Y)の値が所与であれば、加重和の分散の大きさは、相関係数 ρ_{XY} の値によって変化することがわかる。さらに $-1 \leq \rho_{XY} \leq 1$ という相関係数の性質に着目すると、加重和の分散は、$\rho_{XY} = 1$ のときに最大となり、$\rho_{XY} = -1$ のときに最小となることもわかる。

そこで、まず $\rho_{XY} = 1$ というケース、すなわち σ_X と σ_Y を所与としたときの加重和の分散の最大値をみてみよう。(12-4)式に $\rho_{XY} = 1$ を代入すると、

$$\begin{aligned}\sigma_Z^2 &= a^2 \cdot \sigma_X^2 + b^2 \cdot \sigma_Y^2 + 2ab \cdot 1 \cdot \sigma_X \cdot \sigma_Y \\ &= a^2 \cdot \sigma_X^2 + b^2 \cdot \sigma_Y^2 + 2ab \cdot \sigma_X \cdot \sigma_Y \\ &= (a \cdot \sigma_X + b \cdot \sigma_Y)^2 \end{aligned} \qquad (12\text{-}5)$$

となる。加重和の分散が最大であるとき、そのルートである加重和の標準偏差も最大となるが、これは次のように非常に簡単な式になる。

$$\begin{aligned}\sigma_Z &= \sqrt{(a \cdot \sigma_X + b \cdot \sigma_Y)^2} \\ &= a \cdot \sigma_X + b \cdot \sigma_Y \end{aligned} \qquad (12\text{-}6)$$

このように、$\rho_{XY} = 1$ のとき、加重和の標準偏差は、σ_X と σ_Y のそれぞれに加重和を定義したときの定数 a と b をかけて足したもの(つまり標準偏差の加重和)になる。

次に、$\rho_{XY} = -1$ というケース、すなわち σ_X と σ_Y を所与としたときの加重和の分散の最小値をみてみよう。(12-4)式に $\rho_{XY} = -1$ を代入すると、

$$\sigma_Z^2 = a^2 \cdot \sigma_X^2 + b^2 \cdot \sigma_Y^2 + 2ab \cdot (-1) \cdot \sigma_X \cdot \sigma_Y$$
$$= a^2 \cdot \sigma_X^2 + b^2 \cdot \sigma_Y^2 - 2ab \cdot \sigma_X \cdot \sigma_Y$$
$$= (a \cdot \sigma_X - b \cdot \sigma_Y)^2 \tag{12-7}$$

となる。加重和の分散が最小であるとき，その標準偏差も最小となるが，これは以下のようになる。

$$\sigma_Z = \sqrt{(a \cdot \sigma_X - b \cdot \sigma_Y)^2}$$
$$= |a \cdot \sigma_X - b \cdot \sigma_Y| \tag{12-8}$$

$(a \cdot \sigma_X - b \cdot \sigma_Y)$ は負の値をとりうるが，標準偏差は正であることから，(12-8)式には絶対値を示す記号がつけられている。

相関係数が1から-1へと小さくなるにつれて，加重和の分散は，(12-5)式の値から(12-7)式の値へと小さくなっていく。同様に，加重和の標準偏差は，(12-6)式の値から(12-8)式の値へと小さくなっていく。

さらに，(12-7)式と(12-8)式をみると，$\rho_{XY} = -1$ のときには，定数 a，b の値の決め方しだいでは，加重和の分散と標準偏差を0にすることができる[2]。これは，定数 a と b の間に次の関係が成り立つときである。

$$a \cdot \sigma_X = b \cdot \sigma_Y \tag{12-9}$$

12.2　2つの証券で作るポートフォリオ

ポートフォリオ理論は，確率変数の加重和の応用である。以下では，前章で使用した証券Aと証券Bを使って，ポートフォリオを作ることにしよう。2つの証券の事前の収益率（$\widetilde{R}_A$ と $\widetilde{R}_B$）の期待値と標準偏差は以下のとおりであった。

図 12-1
リスク・リターン平面上に表示された2つの証券

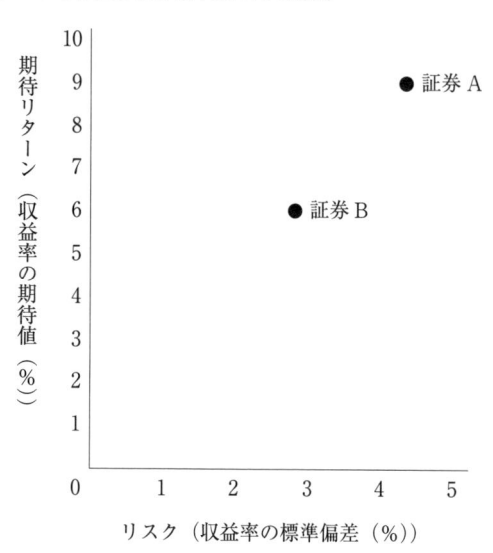

	期待値（期待リターン）	標準偏差（リスク）
証券Aの事前の収益率 $\widetilde{R}_A$	$\mu_{RA} = 9\%$	$\sigma_{RA} = 4.36\%$
証券Bの事前の収益率 $\widetilde{R}_B$	$\mu_{RB} = 6\%$	$\sigma_{RB} = 2.83\%$

　前章で述べたように，ファイナンスの理論では，証券の事前の収益率を確率変数として扱う。事前の収益率の期待値は，その証券に期待される平均的な収益率であり**期待リターン（期待収益率）**と呼ばれる[3]。また，事前の収益率の標準偏差は，その証券の収益率のばらつきを表すため**リスク**と呼ばれる。

　図12-1のように，リスクを横軸，期待リターンを縦軸にとったグラフを**リスク・リターン平面**という。この平面上に投資対象となる証券を配置すると，それらの特徴をうまく把握することができる。実際に，証券Aと証券Bを配置した図12-1をみれば，証券Aの方が証券Bよりも，リスクと期待リターンがともに高い（ハイリスク・ハイリターンである）

図 12-2
リスク・リターン平面による投資選択

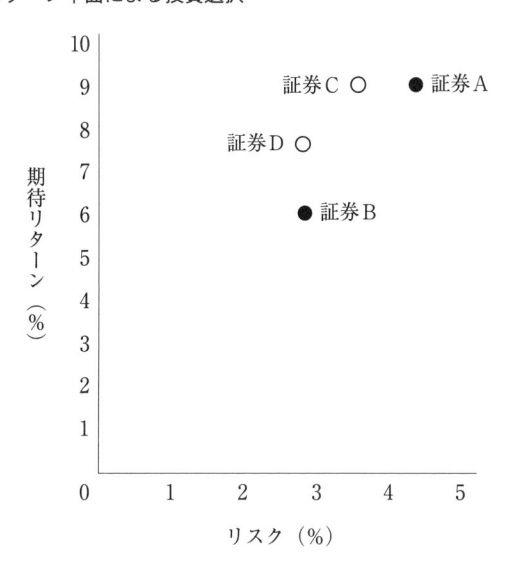

ことがわかる。

　リスク・リターン平面は投資の意思決定にとって非常に有用である。たとえば，**図 12-2** のように証券Cと証券Dが存在するとしよう。証券Cは証券Aと期待リターンが同じであるが，リスクはより小さい。よって，一般の投資家にとっては，証券Aよりも証券Cの方が魅力的であるといえる。また，証券Dは証券Bとリスクが同じであるが，期待リターンはより大きい。よって，一般の投資家にとっては，証券Bよりも証券Dの方が魅力的であるといえる。

　このようにして，リスク・リターン平面上にいくつかの投資機会が存在するとき，他の投資機会よりも左上方向にある投資機会が投資家に選択されることになる[4]。証券Aと証券Bの間には，そのような（一方が他方の左上にあるという）関係がないので，一概に優劣をつけることはできない。つまり，投資対象が証券Aと証券Bだけであれば，どちらを選ぶ投資家も存在しうる。

　次に，資産を証券Aと証券Bに分けて投資する，すなわち，ポートフ

オリオを作ることを考えよう。ひとつの例として，資産をちょうど半々に分けて証券Aと証券Bに投資することを想定する。このとき，資産の半分が証券Aの収益率で運用され，残りの半分が証券Bの収益率で運用される。つまり，それぞれの証券の収益率がポートフォリオの収益率の半分ずつを決定する。証券Aが R_A の収益率を上げ，証券Bが R_B の収益率を上げたとすると，ポートフォリオが全体として上げる収益率 R_P は，

$$R_P = 0.5 \times R_A + 0.5 \times R_B$$

となる。

より一般的に証券Aの投資比率を w_A，証券Bの投資比率を w_B と表記しよう（w_A と w_B は0以上とする）[5]。保有する資産はすべてどちらかの証券に投資するので，$w_A + w_B = 1$ である。このときポートフォリオ全体の収益率 R_P は，

$$R_P = w_A \cdot R_A + w_B \cdot R_B$$

となる。

投資を行う時点で考えると，証券の事前の収益率は確率変数であるから，ポートフォリオの事前の収益率も次のように確率変数で表される。

$$\widetilde{R}_P = w_A \cdot \widetilde{R}_A + w_B \cdot \widetilde{R}_B$$

この確率変数 $\widetilde{R}_P$ の期待値がポートフォリオの期待リターンであり，標準偏差がポートフォリオのリスクである。$\widetilde{R}_P$ は2つの確率変数 $\widetilde{R}_A$ と $\widetilde{R}_B$ の加重和である（加重和の中でも $w_A + w_B = 1$ という特別なケース，すなわち加重平均である）。そこで，確率変数の加重和に関する第1節の(12-1')式を使うと，$\widetilde{R}_P$ の期待値 μ_{R_P} は，

$$\mu_{R_P} = w_A \cdot \mu_{R_A} + w_B \cdot \mu_{R_B} \qquad (12\text{-}10)$$

となる。このように，ポートフォリオの期待リターンは，投資比率をウエイトにして2つの証券の期待リターンを加重平均したものになる。具体例として，資産をちょうど半々に分けて証券Aと証券Bに投資するポートフォリオの期待リターンを計算すると，

$$\mu_{R_P} = 0.5 \times 9 + 0.5 \times 6 = 7.5\,(\%)$$

となる。

次に，ポートフォリオのリスク σ_{R_P} は，第1節の(12-3)式から，次のようになる。

$$\sigma_{R_P} = \sqrt{\sigma_{R_P}^2} = \sqrt{w_A^2 \cdot \sigma_{R_A}^2 + w_B^2 \cdot \sigma_{R_B}^2 + 2w_A w_B \cdot \sigma_{R_A R_B}} \qquad (12\text{-}11)$$

$\sigma_{R_A R_B}$（証券Aと証券Bの収益率の共分散）は，前章で計算したとおり-12であるから，ちょうど半々に分けて投資するポートフォリオのリスクは，

$$\begin{aligned}\sigma_{R_P} &= \sqrt{(0.5)^2(4.36)^2 + (0.5)^2(2.83)^2 + 2(0.5)(0.5)(-12)} \\ &= \sqrt{4.75 + 2 + (-6)} \\ &= 0.87\,(\%)\end{aligned}$$

となる。

こうして，資産を半分ずつ証券Aと証券Bに分けて投資するポートフォリオの期待リターンとリスクが得られた。このポートフォリオを先のリスク・リターン平面上に位置づけると，図12-3のようになる。この図からわかるように，このポートフォリオのリスクは非常に小さい。ポートフォリオの期待リターンは，2つの証券の期待リターンにそれぞれの投資比率をかけて足したものであるから，$w_A = w_B = 0.5$ という上の

図 12-3
証券Aと証券Bに半々の比率で投資した場合の分散投資の効果

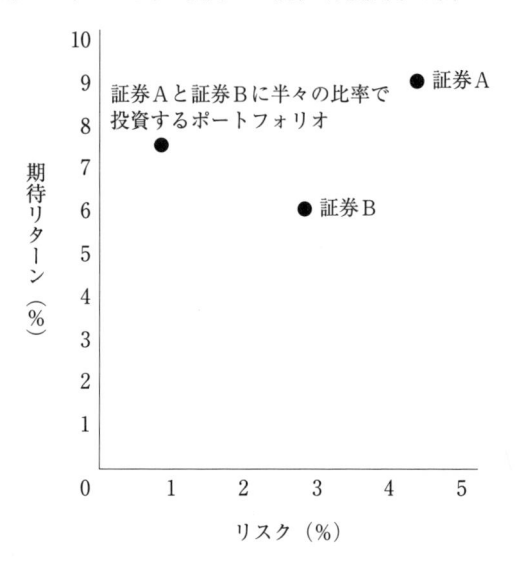

（グラフ：横軸 リスク（%）0〜5、縦軸 期待リターン（%）0〜10。証券A は（約4.5, 9）、証券B は（約3, 6）、証券Aと証券Bに半々の比率で投資するポートフォリオは（約1, 7.5）にプロットされている。）

例では，2つの証券のちょうど真ん中になる。一方，このポートフォリオのリスクは，2つの証券のリスクにそれぞれの投資比率をかけて足したもの（真ん中の3.60％）よりも小さくなっている。

これを一般的に表現すると，2つの証券でポートフォリオを作るとき，期待リターンは，投資比率をウエイトとする期待リターンの加重平均になるが，リスクは，投資比率をウエイトとするリスクの加重平均よりも小さくなる。これを**分散投資の効果**という[6]。

$w_A = w_B = 0.5$ という以外にも，さまざまな投資比率を設定してポートフォリオを作成し，その期待リターンとリスクを計算することができる。**図 12-4** は，投資比率を 0.1 きざみで設定してシミュレーションを行った結果である。図中の各点に付した数字は証券Aの投資比率 w_A であり，これらの点を結んだ曲線は，2つの証券で作ることのできるポートフォリオ（投資機会）の集合である。この図をみると，投資比率を $w_A = 0.4$ ぐらいに設定したときにポートフォリオのリスクが最小になることがわかる[7]。

図 12-4
2つの証券に分散投資するときの投資機会

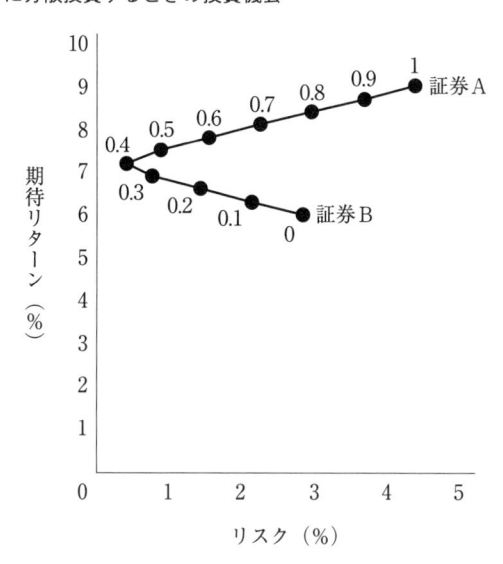

分散投資の効果は，2つの証券の収益率の相関係数 $\rho_{R_A R_B}$ の値によって大きく変化する。もし，この相関係数が1であれば，ポートフォリオのリスクは前節の(12-6)式から次のようになる。

$$\sigma_{R_P} = w_A \cdot \sigma_{R_A} + w_B \cdot \sigma_{R_B} \tag{12-12}$$

これはまさに，ポートフォリオのリスクも，期待リターンと同様に，投資比率をウエイトとする加重平均になることを意味する。この場合には，先に定義した分散投資の効果は存在しない。

これに対して，もし，両者の相関係数が－1であれば，ポートフォリオのリスクは前節の(12-8)式から次のようになる。

$$\sigma_{R_P} = |w_A \cdot \sigma_{R_A} - w_B \cdot \sigma_{R_B}| \tag{12-13}$$

この場合には，ポートフォリオのリスクを0にすることも可能である。

図 12-5
相関係数と分散投資の効果

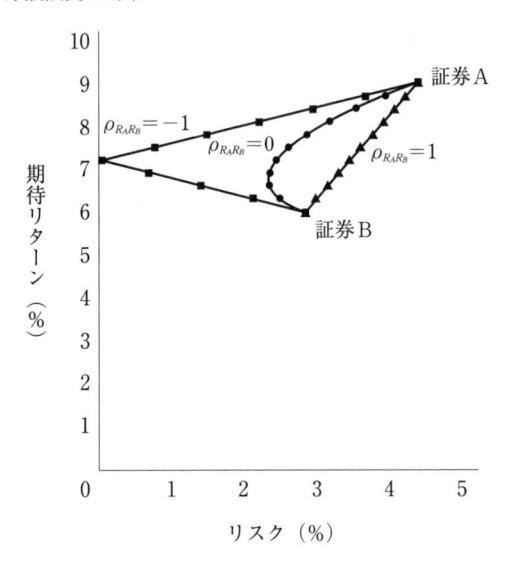

期待リターン（%）、リスク（%）のグラフ。証券A（リスク約4.5%、期待リターン9%）、証券B（リスク約3%、期待リターン6%）を示し、$\rho_{R_A R_B} = -1$、$\rho_{R_A R_B} = 0$、$\rho_{R_A R_B} = 1$の3つの曲線を描いている。

リスクが0となるポートフォリオにおける投資比率 w_A と w_B は，前節の(12-9)式と $w_B = 1 - w_A$ を使って次のように求めることができる。

$$w_A \cdot \sigma_{R_A} = w_B \cdot \sigma_{R_B} \quad \text{より，}$$
$$w_A \cdot \sigma_{R_A} = (1 - w_A) \cdot \sigma_{R_B}$$

これを解くと，

$$w_A = \frac{\sigma_{R_B}}{\sigma_{R_A} + \sigma_{R_B}}, \quad w_B = 1 - w_A = \frac{\sigma_{R_A}}{\sigma_{R_A} + \sigma_{R_B}}$$

以上のような相関係数と分散投資の効果の関係を，シミュレーションで確認しておこう。2つの証券の期待リターンとリスクには，前記の証券Aと証券Bの値を用い，相関係数には1，0，-1という3つの仮の値を使用する。

ポートフォリオの期待リターンは(12-10)式，リスクは(12-11)式を使って計算する[8]。投資比率を0.1きざみで設定してシミュレーションし

た結果が**図 12-5** である。相関係数が 1 のケースでは，期待リターンもリスクも 2 つの証券の加重平均となるので，投資機会が一本の直線になり，分散投資の効果が存在しない。相関係数が−1 のケースでは，投資機会が鋭角に折れた線になり，最大の分散投資の効果が得られる（リスクが 0 となるポートフォリオも存在する）。相関係数が 0 のケースでは，投資機会が曲線になり，分散投資の効果は中間程度となる[9]。

なお，ポートフォリオの期待リターン（グラフの縦軸方向の値）は投資比率だけで決まる（(12-10)式参照）。したがって，図 12-5 の各点の高さは，投資比率が等しければ，どの相関関係のケースでも同じである。つまり分散投資の効果とは，投資比率をある値に決めたときに，相関係数が 1 より小さいほど，図中の点が左方向に移動していくことを意味している。

12.3　3つ以上の証券で作るポートフォリオ

証券 1，2，3 という 3 つの証券でポートフォリオを作ることを考えよう。2 つの証券のときと同じように，資産全体のうち，ある証券に投資した部分がその証券の収益率で運用される。したがって，ポートフォリオの収益率は，投資比率をウエイトにして，各証券の収益率を加重平均したものになる。これを事前の収益率で表せば，

$$\widetilde{R}_P = w_1 \cdot \widetilde{R}_1 + w_2 \cdot \widetilde{R}_2 + w_3 \cdot \widetilde{R}_3 \qquad (w_1 + w_2 + w_3 = 1)$$

となる。これも確率変数の加重和なので，$\widetilde{R}_P$ の期待値 μ_{R_P} は，それぞれの証券の期待リターンの加重平均になる。

$$\mu_{R_P} = w_1 \cdot \mu_{R_1} + w_2 \cdot \mu_{R_2} + w_3 \cdot \mu_{R_3} \qquad (12\text{-}14)$$

次に，ポートフォリオのリスクを求めるために，まず $\widetilde{R}_P$ の分散を計算してみよう。

$$Var(\widetilde{R}_P) = E[(\widetilde{R}_P - \mu_{R_P})^2]$$
$$= E[\{(w_1 \cdot \widetilde{R}_1 + w_2 \cdot \widetilde{R}_2 + w_3 \cdot \widetilde{R}_3)$$
$$- (w_1 \cdot \mu_{R_1} + w_2 \cdot \mu_{R_2} + w_3 \cdot \mu_{R_3})\}^2]$$
$$= E[\{w_1(\widetilde{R}_1 - \mu_{R_1}) + w_2(\widetilde{R}_2 - \mu_{R_2}) + w_3(\widetilde{R}_3 - \mu_{R_3})\}^2]$$

ここで,第8章の(8-8)式より,$(a_1 + a_2 + a_3)^2 = \sum_{i=1}^{3}\sum_{j=1}^{3} a_i \cdot a_j$ であることを使うと,$E[\ ]$ の中を,$\sum_{i=1}^{3}\sum_{j=1}^{3} w_i(\widetilde{R}_i - \mu_{R_i}) \cdot w_j(\widetilde{R}_j - \mu_{R_j})$ と表すことができる。これを使えば,上の式をさらに以下のように変形できる。

$$Var(\widetilde{R}_P) = E\left[\sum_{i=1}^{3}\sum_{j=1}^{3} w_i(\widetilde{R}_i - \mu_{R_i}) \cdot w_j(\widetilde{R}_j - \mu_{R_j})\right]$$
$$= E\left[\sum_{i=1}^{3}\sum_{j=1}^{3} w_i \cdot w_j(\widetilde{R}_i - \mu_{R_i}) \cdot (\widetilde{R}_j - \mu_{R_j})\right]$$

この式の $E[\ ]$ の中は,$(3 \times 3 =)$ 9個の項の和なので,足し算で区切られた各項ごとに $E[\ ]$ を分け,それぞれの定数部分を $E[\ ]$ の前に出すと,

$$Var(\widetilde{R}_P) = \sum_{i=1}^{3}\sum_{j=1}^{3} w_i \cdot w_j \cdot E[(\widetilde{R}_i - \mu_{R_i})(\widetilde{R}_j - \mu_{R_j})]$$
$$= \sum_{i=1}^{3}\sum_{j=1}^{3} w_i \cdot w_j \cdot Cov(\widetilde{R}_i, \widetilde{R}_j)$$

であり,表記の仕方を変えると,

$$\sigma_{R_P}^2 = \sum_{i=1}^{3}\sum_{j=1}^{3} w_i \cdot w_j \cdot \sigma_{R_i R_j} \tag{12-15}$$

となる。このように,ポートフォリオの事前の収益率の分散は,すべての証券ペア(i と j の組み合わせ)について各々の投資比率と共分散をか

けたもの（$w_i \cdot w_j \cdot \sigma_{R_i R_j}$）の総和になる。証券が3つの場合，証券ペアは全部で（$3 \times 3 =$）9個あるが，このうちの3個については$i = j$であり，ひとつの証券について，投資比率の2乗と分散をかけたもの（$w_i^2 \cdot \sigma_{R_i}^2$）になる[10]。ポートフォリオのリスク，すなわち事前の収益率の標準偏差は(12-15)式のルートをとって，

$$\sigma_{R_P} = \sqrt{\sum_{i=1}^{3}\sum_{j=1}^{3} w_i \cdot w_j \cdot \sigma_{R_i R_j}} \quad (12\text{-}16)$$

となる。

$w_1 + w_2 + w_3 = 1$という条件を満たしながら，3つの証券の投資比率をさまざまな値に設定してシミュレーションすれば，無数のポートフォリオを作ることが可能である。また，そうして作られるすべてのポートフォリオについて，(12-14)式と(12-16)式を使って期待リターンとリスクを計算することができる。

このような無数のポートフォリオがリスク・リターン平面上でどのような集合となるのかを考えてみよう。

先の図12-4のような2つの証券（AとB）で作られた投資機会の集合があり，ここに3つめの証券Cが追加されたと想定する（**図12-6**）。このとき，曲線AB上の1点（ひとつのポートフォリオ）をひとつの証券とみなし，これと証券Cとの間で分散投資をすると，図に描かれた点線のような投資機会が得られる。これを繰り返していけば，3つの証券で可能となる投資機会の集合は，図12-6に描かれた傘のような形の平面になる。

この結果を一般化して，証券の数をn個にすると，ポートフォリオの期待リターンは，(12-14)式を拡張した次の式になる。

$$\mu_{R_P} = w_1 \cdot \mu_{R_1} + w_2 \cdot \mu_{R_2} + w_3 \cdot \mu_{R_3} + \cdots + w_n \cdot \mu_{R_n}$$
$$= \sum_{i=1}^{n} w_i \cdot \mu_{R_i} \quad (12\text{-}17)$$

図 12-6
3つの証券に分散投資するときの投資機会（イメージ）

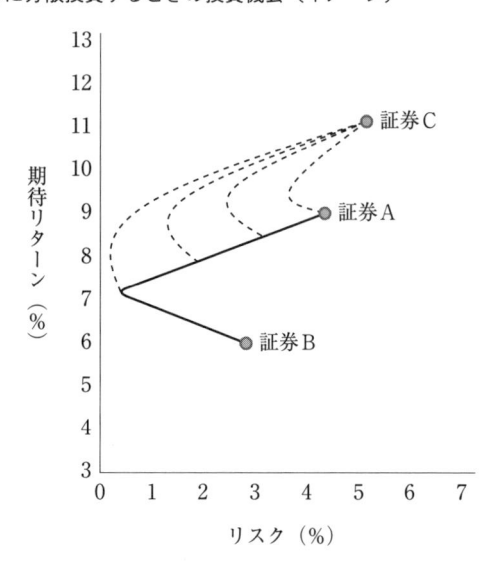

また、ポートフォリオのリスクは、(12-16)式を拡張した次の式になる。

$$\sigma_{R_P} = \sqrt{\sum_{i=1}^{n}\sum_{j=1}^{n} w_i \cdot w_j \cdot \sigma_{R_i R_j}} \qquad (12\text{-}18)$$

(12-18)式のルートの中、すなわち収益率の分散は、($n \times n =$) n^2 個の証券ペアについて各々の投資比率と共分散をかけたものの総和である（ペアのうちの n 個は、同じ証券同士であり、投資比率の2乗と分散をかけたものである）。このような n 個の証券で作るポートフォリオ（投資機会）の集合をリスク・リターン平面に表したものは、3つの証券のケース（図12-6）を拡張した**図 12-7** のようになる[11]。

ところで、世の中に存在するすべての証券を使って、図12-7のような投資機会の集合を作ったとしても、投資家に選ばれるポートフォリオはこのうちの一部分にすぎない。12.2節で論じたように、通常のファイナンス理論が前提とする投資家は、期待リターンが同じであれば最もリ

図 12-7
n 個の証券に分散投資するときの投資機会（イメージ）

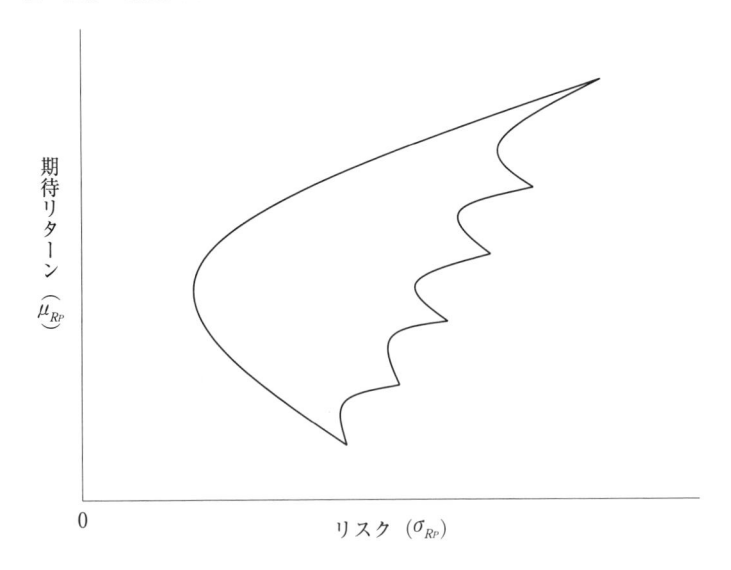

縦軸：期待リターン (μ_{R_P})
横軸：リスク (σ_{R_P})

図 12-8
効率的フロンティア

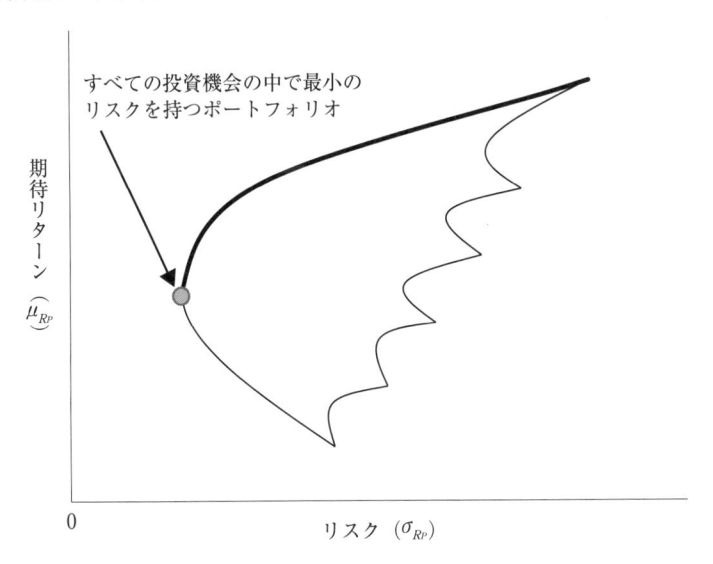

すべての投資機会の中で最小のリスクを持つポートフォリオ

縦軸：期待リターン (μ_{R_P})
横軸：リスク (σ_{R_P})

スクの小さいポートフォリオを選び，リスクが同じであれば最も期待リターンの高いポートフォリオを選ぶ。これは，リスク・リターン平面上で左上方向にあるポートフォリオ（そのポートフォリオの左上には別の投資機会が存在しないようなポートフォリオ）を選ぶことを意味するが，そのようなポートフォリオは，**図 12-8** に示された太い曲線上のものに限られる。投資機会集合の左上の縁となるこの曲線は，**効率的フロンティア**と呼ばれている。

12.4 安全資産と借り入れが存在する場合

本節では，収益率が事前に確定している証券を投資対象として追加する。このような証券は，収益率の標準偏差すなわちリスクが 0 であることから，**安全資産**と呼ばれる。また，安全資産の収益率を**無リスク利子率**という[12]。国債（特に金利の変動が収益率に影響を与えない短期割引国債）は安全資産の代表例である。前節までのようなリスクのある証券は，安全資産に対して，**危険資産**と呼ばれる。

まず，12.2 節のように証券が 2 つしかないという設定に戻って，そのうちの一方が安全資産である状況を考えてみよう。安全資産の収益率（無リスク利子率）を r_f，リスクのある証券（危険資産）の事前の収益率を $\widetilde{R}_S$ と表す。リスクのある証券の投資比率を w_S とすると，安全資産の投資比率は $(1-w_S)$ となる。2 つの資産で作るポートフォリオの事前の収益率 $\widetilde{R}_P$ は，

$$\widetilde{R}_P = (1-w_S)r_f + w_S \cdot \widetilde{R}_S \qquad (12\text{-}19)$$

となるので，ポートフォリオの期待リターンは，

$$E(\widetilde{R}_P) = E[(1-w_S)r_f + w_S \cdot \widetilde{R}_S]$$
$$= (1-w_S)r_f + w_S \cdot E(\widetilde{R}_S)$$

であり，表記の仕方を変えると，

$$\mu_{R_P} = (1-w_S)r_f + w_S \cdot \mu_{R_S} \quad (12\text{-}20)$$

となる[13]。また，これを w_S について整理すれば，

$$\mu_{R_P} = r_f + (\mu_{R_S} - r_f)w_S \quad (12\text{-}20')$$

となる。

次に $\widetilde{R}_P$ の分散は，

$$Var(\widetilde{R}_P) = Var[(1-w_S)r_f + w_S \cdot \widetilde{R}_S]$$
$$= w_S^2 \cdot Var(\widetilde{R}_S)$$

であり，表記の仕方を変えると，

$$\sigma_{R_P}^2 = w_S^2 \cdot \sigma_{R_S}^2$$

となる[14]。したがって，ポートフォリオのリスク σ_{R_P} は，次のように非常に簡単な形になる。

$$\sigma_{R_P} = \sqrt{\sigma_{R_P}^2} = \sqrt{w_S^2 \cdot \sigma_{R_S}^2} = w_S \cdot \sigma_{R_S} \quad (12\text{-}21)$$

このように，ひとつの安全資産とひとつの危険資産から作るポートフォリオのリスクは，危険資産のリスク σ_{R_S} に危険資産への投資比率 w_S をかけたものになる。すなわち，$w_S = 0$ であれば $\sigma_{R_P} = 0$，$w_S = 0.5$ であれば $\sigma_{R_P} = 0.5\sigma_{R_S}$，$w_S = 1$ であれば $\sigma_{R_P} = \sigma_{R_S}$ というように，危険資産

図 12-9
ひとつの安全資産とひとつの危険資産に分散投資するときの投資機会

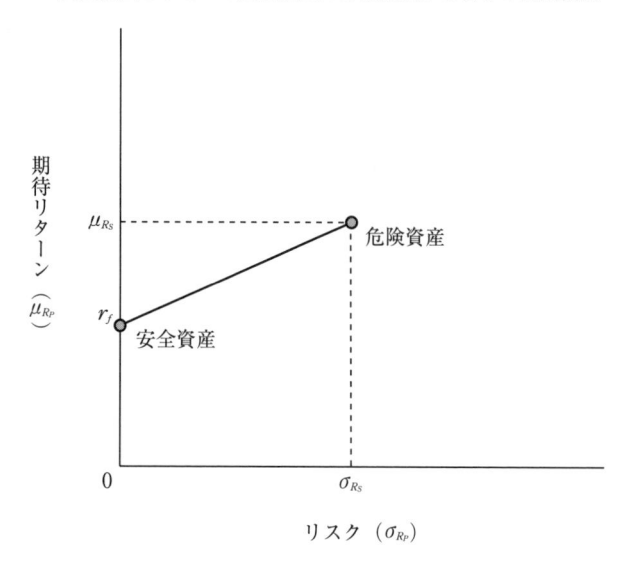

のみがその投資比率に応じてポートフォリオのリスクをもたらす。

(12-20')式と(12-21)式は，ひとつの安全資産とひとつの危険資産でポートフォリオを作るとき，その期待リターンとリスクがともにw_Sに比例して直線的に増加することを意味している。このことからわかるように，w_Sをさまざまな値に設定してできる投資機会の集合をリスク・リターン平面に表すと，**図 12-9**のような2つの証券を結ぶ一本の直線（線分）になる。

図 12-9 に示された投資機会の集合を，直線の式で表すこともできる。この直線の縦軸方向の切片はr_f，傾きは$\dfrac{\mu_{R_S} - r_f}{\sigma_{R_S}}$である。横軸方向の変数が$\sigma_{R_P}$，縦軸方向の変数が$\mu_{R_P}$なので，この直線の式は次のようになる[15]。

$$\mu_{R_P} = r_f + \frac{\mu_{R_S} - r_f}{\sigma_{R_S}} \cdot \sigma_{R_P} \qquad (12\text{-}22)$$

この式は，安全資産と危険資産がひとつずつ存在するとき，投資家がとるリスク σ_{R_P} と期待リターン μ_{R_P} の関係を表している。

ところで，安全資産への投資は確実な金利を稼ぐので，これを資金の貸し付けとみなし，無リスク利子率 r_f を貸し付けに適用される金利とみなすこともできる。そこで，前記の分析をもう一歩進めて，r_f が資金の貸し借りに適用される金利であり，投資家も金利 r_f で資金を借りることができると想定してみよう。つまり，投資家は，現在保有する資金（現有資金）のすべてを危険資産に投資するだけでなく，金利 r_f の支払いを約束して借り入れた資金で，さらに危険資産を買い増すことができるものとする。

このように，現有資金を超える金額を危険資産へ投資することは，危険資産の投資比率 w_S を 1 より大きくすることと考えればよい[16]。したがって，このように想定を広げても，本節の(12-19)式以降の分析は，w_S の範囲が拡大するだけであり，期待リターンとリスクの間には，やはり(12-22)式の直線の関係が存在する。これは，借り入れによって広がった投資機会の集合が，図12-9の直線を，危険資産の点よりもさらに右上に延長したものになることを意味する。**図12-10**は，このような直線を描いた上で $w_S = 2$ の点を例示している。

以上の結果を踏まえて，ひとつの安全資産と n 個の危険資産が存在する場合の投資機会を考察しよう。安全資産の存在を想定する前は，n 個の危険資産がもたらす投資機会の集合は，図12-7に示した傘型の平面であった。ここに安全資産（以下，借り入れを含む）を導入すると，これと何らかの危険資産を組み合わせた投資機会の集合は，一本の直線になる。つまり，安全資産を傘型の平面の中のどの点と組み合わせても直線の投資機会ができる。**図12-11**はこのことを示している。たとえば，危険資産で作るポートフォリオとしてAを選び，このAと安全資産の間でさまざまな投資比率を設定するとき，投資機会の集合は直線 l_1 になる。また，危険資産の組み合わせでリスクが最小となるポートフォリオを作り，これと安全資産に分けて資産を投資するとき，投資機会の集合は直線 l_2 になる。

図 12-10
無リスク利子率での借り入れが可能な場合の投資機会

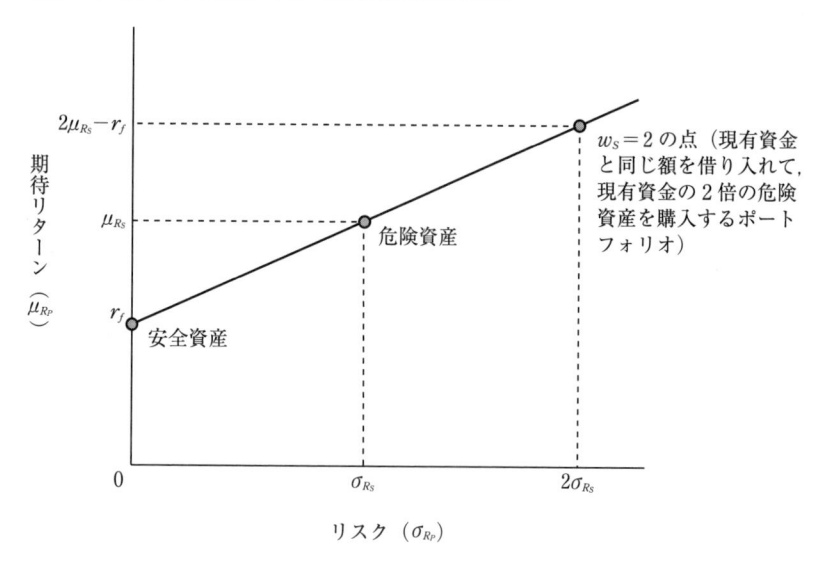

縦軸：期待リターン (μ_{R_P})
横軸：リスク (σ_{R_P})

- r_f：安全資産
- μ_{R_S}、σ_{R_S}：危険資産
- $2\mu_{R_S} - r_f$、$2\sigma_{R_S}$：$w_S = 2$ の点（現有資金と同じ額を借り入れて、現有資金の 2 倍の危険資産を購入するポートフォリオ）

図 12-11
ひとつの安全資産と n 個の危険資産に分散投資するときの投資機会の例

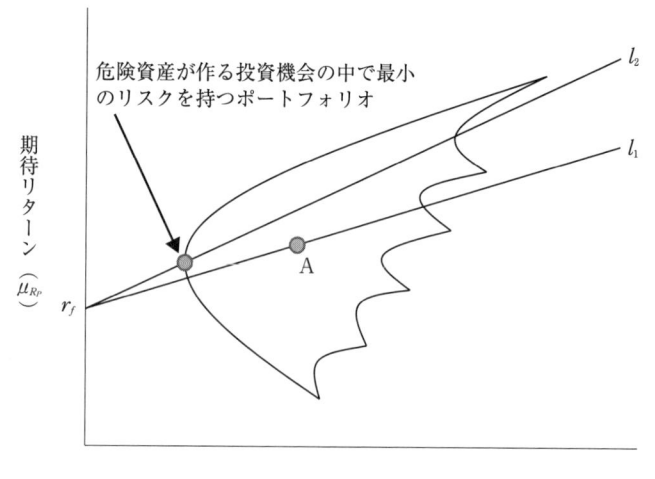

縦軸：期待リターン (μ_{R_P})
横軸：リスク (σ_{R_P})

- 危険資産が作る投資機会の中で最小のリスクを持つポートフォリオ
- r_f、A、l_1、l_2

図 12-12
ひとつの安全資産と n 個の危険資産に分散投資するときの効率的な投資機会

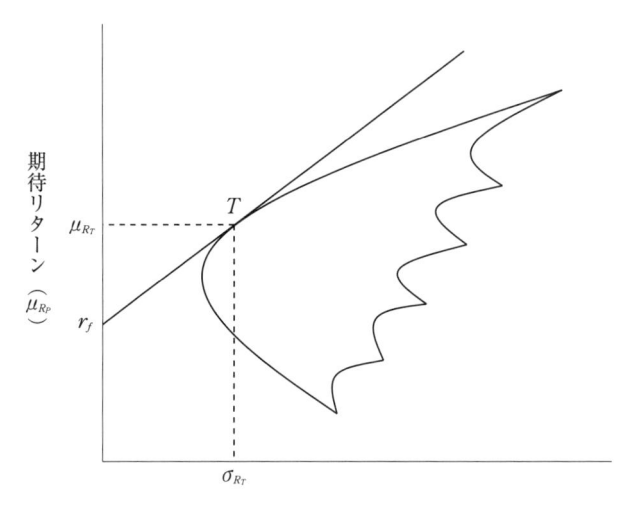

この状況において，投資家が選択する効率的な投資機会（そのポートフォリオの左上には別の投資機会が存在しないようなポートフォリオ）の集合は図 12-12 に描かれた直線になる。この直線は，安全資産を示す縦軸上の点から，危険資産のみで作る効率的フロンティアに向けて引いた接線である。接点 (tangent) T における危険資産ポートフォリオを**接点ポートフォリオ**と呼ぶ。この接線は，接点 T においてのみ危険資産の効率的フロンティアと一致し，それ以外の部分ではより左上にある。また，この接線よりもさらに左上にポートフォリオを作ろうとしても，安全資産と組み合わせるべき危険資産が存在しないため不可能である。つまりこの接線は，リスクが同じであれば期待リターンが最大となるポートフォリオ，あるいは期待リターンが同じであればリスクが最小となるポートフォリオの集合である。

こうして，n 個の危険資産に安全資産が加わると，効率的な投資機会の集合が一本の直線となる[17]。また，接点ポートフォリオの期待リターンを μ_{R_T}，リスクを σ_{R_T} とすると，この効率的な投資機会の集合を次の

直線の式で表すことができる。

$$\mu_{R_P} = r_f + \frac{\mu_{R_T} - r_f}{\sigma_{R_T}} \cdot \sigma_{R_P} \qquad (12\text{-}23)$$

　この式は，ひとつの安全資産と n 個の危険資産が存在するという最終的な状況において，投資家がとるリスク σ_{R_P} と期待リターン μ_{R_P} の関係を表している。

　すべての投資家は，この直線で表された効率的な投資機会の中から，各自にとって最適なポートフォリオを選ぶ。このとき，投資家の資産選択に関する意思決定は，次の2つの段階に分けることができる。第一の段階は，n 個の危険資産の期待リターンとリスク，すべての証券ペアの共分散，さらに現在の無リスク利子率というデータを使って，効率的な投資機会の集合である直線を描くプロセスである。ここで接点ポートフォリオの構成，すなわち，各危険資産への最適な投資比率が決まる。第二の段階は，接点ポートフォリオと安全資産の間で，投資家が各自にとって最適な投資比率を設定する，つまり，描かれた直線上の1点を選ぶプロセスである。

　第一の段階は，すべての投資家に共通するものであり，どの程度のリスクをとるかという投資家個人の姿勢とは関係がない。一方，第二の段階では，それぞれの投資家が各自のリスクに対する姿勢に基づいて意思決定を行う。投資家の資産選択に関する意思決定がこのような2つの段階に分けられることを**分離定理**という[18]。

本章に関連する発展的なトピックス

分散共分散行列，2次計画法を使った効率的フロンティアの導出，投資家のリスク回避度と期待効用

【確認問題】

1. 2つの証券（危険資産）でポートフォリオを作るとき，そのリスクは次の式で与えられる。

$$\sigma_{R_P} = \sqrt{\sigma_{R_P}^2} = \sqrt{w_A^2 \cdot \sigma_{R_A}^2 + w_B^2 \cdot \sigma_{R_B}^2 + 2 w_A w_B \cdot \sigma_{R_A R_B}} \quad \text{(12-11)式再掲}$$

これを利用して，2つの証券に投資するときに，リスクが最小となるポートフォリオの投資比率 w_A^*, w_B^* を，σ_{R_A}, σ_{R_B}, $\sigma_{R_A R_B}$ を用いて表しなさい（$w_B = 1 - w_A$ であることを利用する。また，分散が最小になるとき標準偏差も最小になるので，分散 $\sigma_{R_P}^2$ を最小化する問題を解けばよい）。

また，この結果に，本文中の証券Aと証券Bに関する具体的な数値（$\sigma_{R_A} = 4.36\%$, $\sigma_{R_B} = 2.83\%$, $\sigma_{R_A R_B} = -12$）を代入して，図12-4の曲線上の投資機会の中で，最も左に位置する（リスクが最小となる）ポートフォリオの投資比率 w_A^*, w_B^* を求めなさい。

2. 現在の無リスク利子率が5%であるとする。また，接点ポートフォリオの期待リターンとリスクが，それぞれ10%と15%であるとする。投資家のとるリスクとして6%，15%，24%の3つを想定して，それぞれの場合に設定すべき接点ポートフォリオと安全資産の投資比率を求めなさい。また，それぞれの場合の期待リターンを求めなさい。

上と同じ状況で，投資家が望む期待リターンの値として5%，8%，15%の3つを想定して，それぞれの場合に設定すべき接点ポートフォリオと安全資産の投資比率を求めなさい。また，それぞれの場合に投資家がとることとなるリスクを求めなさい。

[注]

1. 数学的には定数 a, b の値を正に限定する必要はないが，ここではわかりやすさを考慮して，これらを正の定数とする。
2. 相関係数 ρ_{XY} が小さくなるにつれて σ_Z^2 が小さくなっていくこと，および $\rho_{XY} = -1$ のときにのみ σ_Z^2 が0になりうることは，以下のようにして示すことができる。

$$\begin{aligned}
\sigma_Z^2 &= a^2 \cdot \sigma_X^2 + b^2 \cdot \sigma_Y^2 + 2ab \cdot \rho_{XY} \cdot \sigma_X \cdot \sigma_Y \qquad \text{(12-4)式再掲} \\
&= a^2 \cdot \sigma_X^2 + b^2 \cdot \sigma_Y^2 + 2ab(-1 + 1 + \rho_{XY})\sigma_X \cdot \sigma_Y \\
&= a^2 \cdot \sigma_X^2 + b^2 \cdot \sigma_Y^2 - 2ab \cdot \sigma_X \cdot \sigma_Y + 2ab \cdot \sigma_X \cdot \sigma_Y(1 + \rho_{XY}) \\
&= (a \cdot \sigma_X - b \cdot \sigma_Y)^2 + 2ab \cdot \sigma_X \cdot \sigma_Y(1 + \rho_{XY})
\end{aligned}$$

a, b, σ_X, σ_Y が正の定数であれば,この式の値は ρ_{XY} が小さいほど小さくなり,$\rho_{XY} > -1$ であれば常に正である。また,この式は,$\rho_{XY} = -1$ かつ $a \cdot \sigma_X = b \cdot \sigma_Y$ のときにのみ0となる。

3. 本書の第1部では主に期待収益率という表現を用いたが,第2部では,リスクに対比することを意識して,期待リターンという表現を用いる。
4. 本文のように,リスクが同じであれば期待リターンの大きい方を選ぶ(期待リターンが同じであればリスクの小さい方を選ぶ)投資家をリスク回避的な投資家という。本書が扱うようなベーシックなファイナンス理論では,投資家は一般にリスク回避的であると想定される。
5. 本書では(12.4節で扱う安全資産を除き)各証券への投資比率を0以上と仮定する(負の投資比率は証券の空売りを意味するが,説明を簡単にするために,本書では証券の空売りができないものと仮定する)。
6. 分散投資の効果は,ノーベル賞経済学者であるマーコビッツの1952年の論文で定式化されたものである。
7. 微分を使えば,リスクが最小になるときの正確な投資比率を求めることができる(本章の確認問題1を参照)。
8. もちろん,相関係数が1のときのリスクには(12-12)式,相関係数が-1のときのリスクには(12-13)式を使ってもよい。
9. 証券Aと証券Bのもともとの相関係数は-0.97であるから,分散投資の効果はかなり大きいといえる。
10. 第11章(11.4節の注7)で述べたように,同じ確率変数同士の共分散 $(Cov(\widetilde{X}, \widetilde{X}))$ は,その確率変数の分散 $(Var(\widetilde{X}))$ である。
11. この図を実際に作成するには,n 個の証券の期待リターンと分散,およびすべての証券ペアの共分散というデータを用意した上で,各証券の投資比率 (w_1, w_2, w_3, ⋯, w_n) に,$w_1 + w_2 + w_3 + \cdots + w_n = 1$ を満たすような0以上1以下のさまざまな値を設定して,(12-17)式と(12-18)式から期待リターンとリスクを求めていく必要がある。ちなみに,表計算ソフトの行列演算の機能を使うと,このようなシミュレーションを効率的に行うことができる。
12. 安全資産をリスクフリー資産,無リスク利子率をリスクフリー金利と呼ぶこともある。リスクフリー(risk free)とは,英語で「リスクがない」という意味である。
13. 一般に a と b が定数のとき,$E(a \cdot \widetilde{X} + b) = a \cdot E(\widetilde{X}) + b \equiv a \cdot \mu_X + b$ である。
14. 一般に a と b が定数のとき,以下のように $Var(a \cdot \widetilde{X} + b) = a^2 \cdot Var(\widetilde{X}) \equiv a^2 \cdot \sigma_X^2$ である。

$$\begin{aligned}
Var(a \cdot \widetilde{X} + b) &= E[\{(a \cdot \widetilde{X} + b) - (a \cdot \mu_X + b)\}^2] \\
&= E[\{a(\widetilde{X} - \mu_X)\}^2] \\
&= E[a^2(\widetilde{X} - \mu_X)^2] \\
&= a^2 \cdot E[(\widetilde{X} - \mu_X)^2] \\
&= a^2 \cdot Var(\widetilde{X}) \equiv a^2 \cdot \sigma_X^2
\end{aligned}$$

15. (12-20')式と(12-21)式から w_S を消去することによっても,この直線の式が得られる。
16. 投資家の現有資金の額を W とすると,危険資産に $w_S > 1$ の比率で投資するとき,

$(1-w_S)W$ の金額が不足する（$(1-w_S)W$ は負なので不足を意味する）。この金額を借り入れる（安全資産に対して負の投資をする）ことは，$(1-w_S)W \times r_f$ という負の収益額（利息の支払い）をもたらす。一方，危険資産がもたらす事前の収益額は $w_S \cdot W \times \widetilde{R}_S$ である。したがって，ポートフォリオ全体での事前の収益率（現有資金に対する事前の収益額の割合）は，

$$\widetilde{R}_P = \frac{(1-w_S)W \times r_f + w_S \cdot W \times \widetilde{R}_S}{W} = (1-w_S)r_f + w_S \cdot \widetilde{R}_S$$

となり，(12-19)式と同じになる。

17. 直線上の効率的な投資機会を，安全資産と接点ポートフォリオへの投資状況で分けると次のようになる。まず切片の点では，現有資金をすべて安全資産に投資する。切片より右上で T 点よりも左下にある部分では，現有資金を安全資産と接点ポートフォリオに分けて投資する。T 点では，現有資金をすべて接点ポートフォリオに投資する。T 点よりも右上の部分では，借り入れた資金を使って現有資金を超える額を接点ポートフォリオに投資する。
18. この定理は，ノーベル賞経済学者であるトービンの 1958 年の論文で提唱されたものである。

第13章 資本資産評価モデル

13.1 ポートフォリオ理論からの展開

　リスクのある証券は，将来キャッシュフローの期待値を，要求すべき期待リターンで割り引くことによって評価される。この評価には，個々の証券に対して要求する期待リターンを与えるモデルが必要となる。しかしながら1950年代までは，専門家でさえ，リスクの高い証券は高い期待リターンを要求される，という漠然としたことしかわかっていなかった。1950年代になって，前章で学んだポートフォリオ理論が提唱されると，これを土台にして期待リターンを与えるモデルが提唱されるようになった[1]。このモデルは，ポートフォリオ理論を拠り所にしてはいるが，経済の均衡状態を分析するものであることから，理論的な位置づけは大きく異なっている。本章では，順を追ってこのモデルを導いていくが，そのためにまず，以下のような仮定を設ける[2]。

　【仮定①】すべての投資家は，ある同一の投資期間について，期待リターン（事前の収益率の期待値）とリスク（事前の収益率の標準偏差）という2つの尺度を使って最適なポートフォリオを選ぶ。

【仮定②】すべての投資家は，期待リターンが同じであれば，よりリスクの小さいポートフォリオを，またリスクが同じであれば，より期待リターンの大きいポートフォリオを選択する（すべての投資家はリスク回避的である）。

【仮定③】すべての投資家は，同一の無リスク利子率で自由に貸し借りをすることができる。

【仮定④】すべての証券は，無限に分割可能であり，税金や取引費用は存在しない（証券市場は完全である）。

【仮定⑤】すべての投資家は，すべての証券の期待リターンとリスク，およびすべての証券ペアの共分散について同一の予想を持つ（これを同質的期待の仮定という）。

これらの仮定に基づいて，均衡状態における期待リターンを与えるモデルが導出される。

13.2　資本市場線と市場ポートフォリオ

まず，前章のポートフォリオ理論を振り返ってみよう。無リスク利子率での貸し付けと借り入れが可能であるとき，仮定①と仮定②を満たす投資家にとって効率的な投資機会におけるリスク σ_{R_P} と期待リターン μ_{R_P} の関係は，次の式で表される一本の直線となった。

$$\mu_{R_P} = r_f + \frac{\mu_{R_T} - r_f}{\sigma_{R_T}} \cdot \sigma_{R_P} \qquad \text{(12-23)式再掲}$$

この式の μ_{R_T} と σ_{R_T} は，（リスク・リターン平面上で，安全資産から危険資産の効率的フロンティアに引いた接線における）接点ポートフォリオの期待リターンとリスクである。この接点ポートフォリオを作るためには，リスク・リターン平面上に，まず危険資産だけで作る投資機会の集合

（傘型の平面）が描かれる。

　ここで，投資家全員が，すべての証券の期待リターンとリスク，およびすべての証券ペアの共分散について同一の予想を持つという仮定（仮定⑤）を導入すると，すべての投資家がリスク・リターン平面上に全く同一の投資機会の集合（傘型の平面）を描くことになる。

　さらに，資金の貸し借りが同一の無リスク利子率で行われるという仮定（仮定③）を用いれば，安全資産から引かれる接線も投資家全員で同じになる。このように，前記の仮定のもとで，すべての投資家に共有される一本の接線（効率的な投資機会の集合）を，**資本市場線**（Capital Market Line）という。

　このとき，投資家全員が同じ接点ポートフォリオを持つので，それを構成するあらゆる個別証券（危険資産）への投資比率も，すべての投資家に共通のものとなる。この結果，個別証券への投資比率は，その個別証券の総価値が（危険資産の）証券市場全体に占める比率に一致する[3]。換言すれば，すべての投資家の接点ポートフォリオは，証券市場の縮小版，すなわち，証券市場に占める時価総額の比率ですべての証券を保有するものとなる。これを**市場ポートフォリオ**（Market Portfolio）という[4]。

　図 13-1 は，資本市場線と市場ポートフォリオ M を示している。市場ポートフォリオの期待リターンを μ_{R_M}，リスクを σ_{R_M} と表すと，資本市場線の式は，

$$\mu_{R_P} = r_f + \frac{\mu_{R_M} - r_f}{\sigma_{R_M}} \cdot \sigma_{R_P} \tag{13-1}$$

となる。資本市場線は，すべての投資家に共通の効率的な投資機会における，リスク σ_{R_P} と期待リターン μ_{R_P} の関係を表している。

　図13-1と(13-1)式からわかるように，投資家の期待リターン μ_{R_P} は，無リスク利子率 r_f に，（その投資家がとるリスク σ_{R_P} に比例した）上乗せ分を加えたものになる。この上乗せ分を**リスクプレミアム**という。投資家は，リスクをとらずにすべての資産を安全資産（貸付）で運用すれば

図 13-1
資本市場線と市場ポートフォリオ

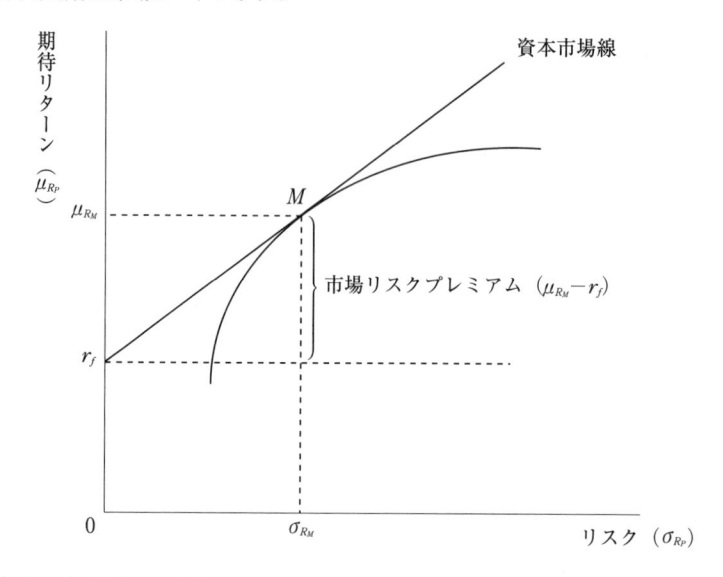

[期待リターン (μ_{Rp}) を縦軸、リスク (σ_{Rp}) を横軸とする図。原点から r_f を通り点 M を通過する直線が資本市場線。効率的フロンティアの曲線が点 M で接している。点 M から下ろした垂線の足が σ_{R_M}、高さが μ_{R_M}。r_f から μ_{R_M} までの縦方向の長さが市場リスクプレミアム $(\mu_{R_M} - r_f)$。]

確実に収益率 r_f を得るが，何らかのリスクをとれば，リスクに比例した期待リターンの上乗せ（プレミアム）を得ることになる。市場ポートフォリオの期待リターンが無リスク利子率を上回る程度 $(\mu_{R_M} - r_f)$ を**市場リスクプレミアム**と呼ぶ。無リスク利子率による貸し借りを一切行わず，現有資金のすべてを市場ポートフォリオで運用する投資家は $\sigma_{Rp} = \sigma_{R_M}$ であり，期待リターンの上乗せ分は市場リスクプレミアムと同じになる。

資本市場線を利用すれば，実際に自分の作るポートフォリオの期待リターンを推定することができる。このとき，(13-1)式の傾き $\dfrac{\mu_{R_M} - r_f}{\sigma_{R_M}}$ の値は，過去の市場（株価指数）の収益率データを使って推計される。以下では，日本の株式市場を投資対象と想定して，TOPIX（東証株価指数）を例に使う。

まず，TOPIX の収益率の標準偏差が，市場ポートフォリオのリスク σ_{R_M} の推計値となる。ここでは，σ_{R_M} の推計値が年率 20% であるとしよ

う。また，TOPIX の１年間の収益率が同じ年の短期国債の収益率をどの程度超過したかを長期にわたって計測し，それを平均したものが市場リスクプレミアム（$\mu_{R_M} - r_f$）の推計値となる[5]。ここでは市場リスクプレミアムの推計値が年率5％であるとしよう。最後に，割引国債（1年物）の現在の利回りを年率3％と想定して，これを無リスク利子率 r_f に使用する[6]。このとき，資本市場線上の効率的なポートフォリオによって 10％のリスク σ_{R_P} をとる投資家の期待リターン μ_{R_P} は以下ように推定される。

$$\mu_{R_P} = r_f + \frac{\mu_{R_M} - r_f}{\sigma_{R_M}} \cdot \sigma_{R_P}$$
$$= 3\% + \frac{5\%}{20\%} \times 10\%$$
$$= 5.5\%$$

なお，この投資家がとる 10％というリスクは，市場ポートフォリオのリスク（推計値20％）のちょうど半分であるから，この投資家は，資産の半分を市場ポートフォリオ（TOPIX の縮小版，たとえば，TOPIX 連動型投資信託）に投資し，残りの半分を安全資産（たとえば，短期国債）に投資することになる。

13.3　資本資産評価モデル

資本市場線は，市場ポートフォリオと安全資産で作る効率的なポートフォリオのリスクと期待リターンの関係を表している。それでは，市場ポートフォリオの中に含まれる個別の証券のリスクとその期待リターンの関係はどのように決まるのだろうか。この問題に対する答えが得られれば，それに基づいて，個別の証券に要求すべき期待リターンを推計することが可能となる。

資本市場線を使ってさらに分析を進めれば，この問題に答えることが

図 13-2
市場ポートフォリオと個別証券に分散投資するときの投資機会

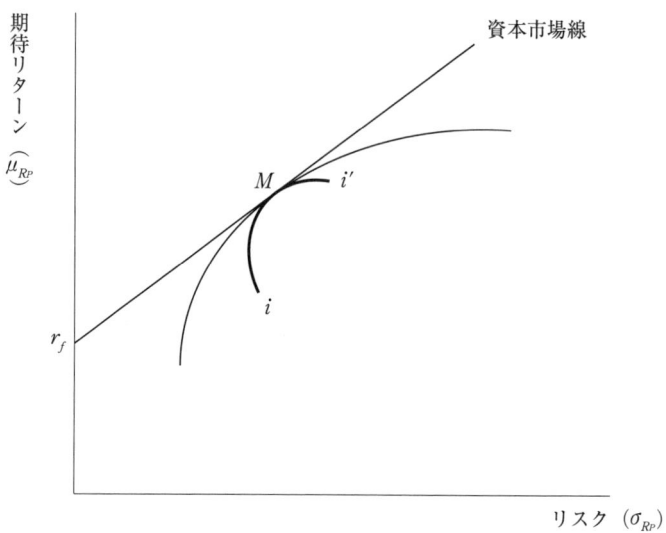

できる。今，個別の証券 i に α，市場ポートフォリオ M に $(1-\alpha)$ の比率で投資するポートフォリオの集合を考えよう。この集合は，**図 13-2** における曲線 iMi' のようになる。この図で点 i は，すべての資金を証券 i に投資するポートフォリオであり，$\alpha=1$ である。M は市場ポートフォリオのみに投資する点であり，$\alpha=0$ である。市場ポートフォリオの中にも時価総額の比率で証券 i が含まれているので，このような i を売却して市場ポートフォリオをさらに買い増していけば $\alpha<0$ となり，ポートフォリオは点 i' へと向かっていく[7]。効率的な危険資産ポートフォリオは市場ポートフォリオだけであるから，曲線 iMi' は M の1点においてのみ資本市場線と接する。

さてこのとき，曲線 iMi' 上のポートフォリオの期待リターンは，(12-10)式より，

$$\mu_{R_P} = \alpha \mu_{R_i} + (1-\alpha)\mu_{R_M} \tag{13-2}$$

となる。また，曲線 iMi' 上のポートフォリオのリスクは，(12-11)式より，

$$\sigma_{R_P} = \sqrt{\alpha^2 \sigma_{R_i}^2 + (1-\alpha)^2 \sigma_{R_M}^2 + 2\alpha(1-\alpha)\sigma_{R_i R_M}}$$
$$= \{\alpha^2 \sigma_{R_i}^2 + (1-\alpha)^2 \sigma_{R_M}^2 + 2\alpha(1-\alpha)\sigma_{R_i R_M}\}^{\frac{1}{2}} \quad (13\text{-}3)$$

である。

ここで，曲線 iMi' の傾きを与える導関数 $\dfrac{d\mu_{R_P}}{d\sigma_{R_P}}$ を求めよう。σ_{R_P} と μ_{R_P} の関係は媒介変数 α を使って表現されているので，μ_{R_P} と σ_{R_P} のそれぞれを α で微分した結果を組み合わせるという，微分の計算規則を使う（第9章（9.3節）参照）。

まず，(13-2)式を α で微分すると，

$$\frac{d\mu_{R_P}}{d\alpha} = \mu_{R_i} - \mu_{R_M} \quad (13\text{-}4)$$

である。次に(13-3)式を，合成関数の微分の公式を使って α で微分すると，

$$\frac{d\sigma_{R_P}}{d\alpha} = \frac{1}{2} \cdot \frac{2\alpha \sigma_{R_i}^2 - 2(1-\alpha)\sigma_{R_M}^2 + 2\sigma_{R_i R_M} - 4\alpha \sigma_{R_i R_M}}{\{\alpha^2 \sigma_{R_i}^2 + (1-\alpha)^2 \sigma_{R_M}^2 + 2\alpha(1-\alpha)\sigma_{R_i R_M}\}^{\frac{1}{2}}}$$
$$= \frac{\alpha \sigma_{R_i}^2 - (1-\alpha)\sigma_{R_M}^2 + \sigma_{R_i R_M} - 2\alpha \sigma_{R_i R_M}}{\{\alpha^2 \sigma_{R_i}^2 + (1-\alpha)^2 \sigma_{R_M}^2 + 2\alpha(1-\alpha)\sigma_{R_i R_M}\}^{\frac{1}{2}}} \quad (13\text{-}5)$$

となる[8]。(13-4)式と(13-5)式から，導関数 $\dfrac{d\mu_{R_P}}{d\sigma_{R_P}}$ は次のようになる。

$$\frac{d\mu_{R_P}}{d\sigma_{R_P}} = \frac{\dfrac{d\mu_{R_P}}{d\alpha}}{\dfrac{d\sigma_{R_P}}{d\alpha}} = \frac{(\mu_{R_i} - \mu_{R_M})\{\alpha^2 \sigma_{R_i}^2 + (1-\alpha)^2 \sigma_{R_M}^2 + 2\alpha(1-\alpha)\sigma_{R_i R_M}\}^{\frac{1}{2}}}{\alpha \sigma_{R_i}^2 - (1-\alpha)\sigma_{R_M}^2 + \sigma_{R_i R_M} - 2\alpha \sigma_{R_i R_M}}$$

$$(13\text{-}6)$$

この導関数を使って，点 M における曲線 iMi' の傾きを求めよう。この点では，市場ポートフォリオのみに投資しており，$a=0$ であるから，

$$\left.\frac{d\mu_{R_P}}{d\sigma_{R_P}}\right|_{a=0} = \frac{(\mu_{R_i}-\mu_{R_M})\sigma_{R_M}}{\sigma_{R_iR_M}-\sigma_{R_M}^2} \tag{13-7}$$

となる。

ところで，曲線 iMi' は点 M において資本市場線に接しているので，点 M における傾き（(13-7)式）は，資本市場線の傾きに等しくなければならない。したがって，

$$\frac{(\mu_{R_i}-\mu_{R_M})\sigma_{R_M}}{\sigma_{R_iR_M}-\sigma_{R_M}^2} = \frac{\mu_{R_M}-r_f}{\sigma_{R_M}} \tag{13-8}$$

である。この(13-8)式を μ_{R_i} について整理すると次のようになる。

$$\mu_{R_i}-\mu_{R_M} = \frac{(\mu_{R_M}-r_f)(\sigma_{R_iR_M}-\sigma_{R_M}^2)}{\sigma_{R_M}^2}$$

$$\mu_{R_i}-\mu_{R_M} = \frac{(\mu_{R_M}-r_f)\sigma_{R_iR_M}}{\sigma_{R_M}^2} - (\mu_{R_M}-r_f)$$

$$\mu_{R_i} = r_f + \frac{\mu_{R_M}-r_f}{\sigma_{R_M}^2} \cdot \sigma_{R_iR_M} \tag{13-9}$$

いかなる証券についても，上の証券 i と同様の議論ができるので，(13-9)式はすべての証券について成り立つ関係式である。この式によれば，個別証券の期待リターンは，無リスク利子率にリスクプレミアムを上乗せしたものであり，そのリスクプレミアムは，証券 i の収益率と市場ポートフォリオの収益率との共分散 $\sigma_{R_iR_M}$ に比例して大きくなる。この式の直感的な意味は次のようになる。

すべての投資家の危険資産ポートフォリオは市場ポートフォリオであ

るため，このポートフォリオとの連動性（共分散）が大きい証券ほど，投資家にとってはリスクが大きい。言い換えれば，市場ポートフォリオの収益率の変動に伴ってそれと同じ方向に大きく収益率が変動する証券は，リスクが大きい。投資家は，この意味でのリスクが大きい個別証券ほど高い期待リターンを要求する。

(13-9)式は，（13.1節で挙げた諸仮定のもとでの）均衡状態における個別証券の期待リターンとリスクの関係式であり，**資本資産評価モデル**もしくは**CAPM（キャップエム）**と呼ばれている[9]。通常このモデルは $\frac{\sigma_{R_i R_M}}{\sigma_{R_M}^2}$ を β_i（**ベータ** i）とおいて，次の式で表現される。

$$\mu_{R_i} = r_f + \beta_i (\mu_{R_M} - r_f) \qquad (13\text{-}10)$$

個別証券のベータ値 β_i は，市場ポートフォリオとの連動性（共分散）というリスクを，$\sigma_{R_M}^2$ という共通の値で割って基準化したものである。個別証券のリスクプレミアムは，この新たなリスクの尺度である β_i に比例して大きくなる。市場ポートフォリオのベータ値は，定義により1である（$\frac{\sigma_{R_M R_M}}{\sigma_{R_M}^2} = \frac{\sigma_{R_M}^2}{\sigma_{R_M}^2} = 1$）。したがって，ベータ値は，市場ポートフォリオのリスクを1として個別証券のリスクの大きさを相対的に示す尺度である。ちなみに，(13-10)式のベータ値に1を代入したときの期待リターンは，まさに市場ポートフォリオの期待リターン μ_{R_M} である。また，安全資産のベータ値は0であるが，(13-10)式のベータ値に0を代入したものは，無リスク利子率 r_f となる[10]。

図 13-3 は，このような個別証券のベータ値 β_i と期待リターン μ_{R_i} の関係を示している。均衡状態においては，すべての証券がこの直線上に位置し，それぞれがベータ値に対応した期待リターンを持つことになる。この図の直線は**証券市場線**（Security Market Line）と呼ばれている。

ここで，先に出てきた資本市場線と証券市場線の関係を整理しておこう。資本市場線は，リスク・リターン平面における効率的な投資機会の

図 13-3
個別証券のベータ値 β_i と期待リターンの関係を表す証券市場線

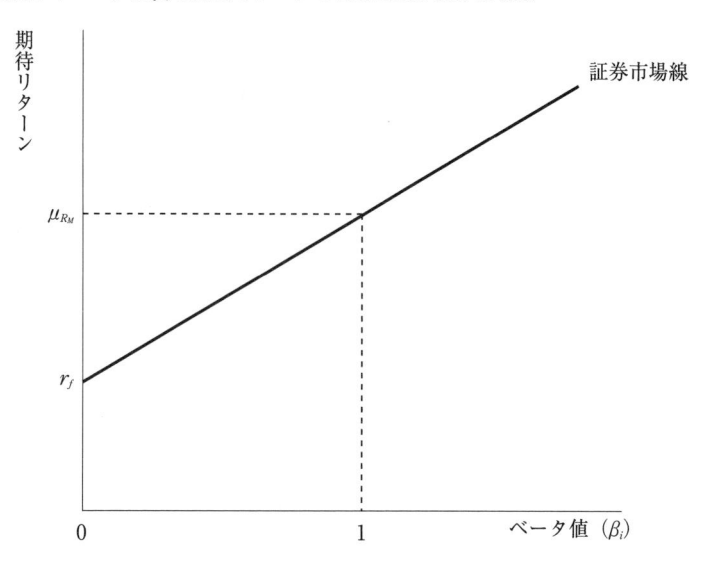

集合である．この線上のポートフォリオは，市場ポートフォリオと安全資産（貸し借り）の組み合わせによってのみ達成される．すなわち，危険資産としては市場ポートフォリオだけがこの線上に位置する．

これに対して，個別証券の期待リターンは，β_i に比例して大きくなる．β_i を横軸，期待リターンを縦軸にとってすべての証券を再配置したものが証券市場線である．**図 13-4** は，このような資本市場線と証券市場線の関係を示している．

資本資産評価モデルの実際的な意義は，個別証券の期待リターンを推定することにある．これを実際に例を使ってやってみよう．13.2 節で使った数値例と同様に，過去のデータから，市場リスクプレミアムが 5％と推計され，現在の無リスク利子率が 3％であるとする．ある個別証券 A のベータ値 β_A が（次節でみるような方法で）1.25 と推計されたとすると，資本資産評価モデル（(13-10)式）から，この証券 A の期待リターンとして次の値が得られる．

図 13-4
資本市場線と証券市場線の関係

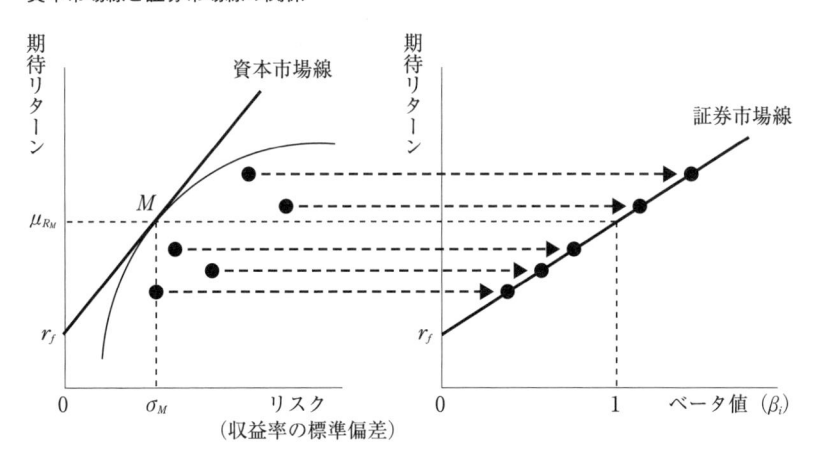

$$\mu_{R_A} = r_f + \beta_A(\mu_{R_M} - r_f)$$
$$= 3\% + 1.25 \times 5\%$$
$$= 9.25\%$$

　ある証券に対して資本資産評価モデルから与えられる期待リターンを，**均衡期待収益率**という。ここで得られた9.25%は，証券Aの均衡期待収益率に対する推定値である[11]。

13.4　ベータ値の推計

　資本資産評価モデルによれば，均衡状態における個別証券のリスクはベータ値で表され，個別証券には，そのリスクにふさわしい期待リターンが存在する。これを推定するときのインプットとして必要なのは，現在の無リスク利子率 r_f，市場リスクプレミアム $(\mu_{R_M} - r_f)$，個別証券の

ベータ値 β_i の3つである。このうち,すべての証券に共通のインプットである r_f と ($\mu_{R_M} - r_f$) の推計方法は,13.2節ですでに説明したとおりである。すなわち,無リスク利子率 r_f には,現在の短期国債の利回りを使い,市場リスクプレミアム ($\mu_{R_M} - r_f$) には,市場(TOPIXなどの株価指数)の1年間の収益率が同じ年の短期国債の収益率をどの程度超過したかを長期にわたって計測し,それを平均したものを使用する。先の数値例ではこれを5%としたが,実際に日本の株式市場における市場リスクプレミアムは,4%から6%の間に推計されることが多い。

個別証券のベータ値は,個別証券の収益率と市場の収益率の共分散を,同じ期間における市場の収益率の分散で割って推計される。通常この計算には,1ヵ月ごとの月次収益率のデータを使用する。**図 13-5(a)**は,12ヵ月分のデータを使って行った推計の例である。実際には,直近60ヵ月分のデータを使って推計することが多い[12]。

ベータ値の推計には,**回帰分析**という手法を使うこともできる。回帰分析とは,2つのデータ系列を散布図にプロット(配置)し,この散布図に最もよくフィットする直線を求める手法である。このときフィットさせた直線(**回帰直線**)の傾きは,縦軸方向のデータと横軸方向のデータの共分散を,横軸方向のデータの分散で割ったものとなる。したがって,図13-5(**b**)のように,横軸に市場の収益率,縦軸に個別証券の収益率をとって各月のデータを散布図にプロットし,このデータに直線をフィットさせれば,その傾きは,まさしく上のベータ値の推計値と同じになる[13]。回帰直線の右上がりの傾きが大きい証券は,市場の収益率の変動に伴って,それと同じ方向に収益率が大きく変動する。このように,回帰直線は,ベータ値が個別証券と市場ポートフォリオの連動性であることをよく表している。

本節の最後に,ポートフォリオのベータ値とその推計方法について説明しておこう。複数の個別証券を組み入れたポートフォリオのベータ値とその推計方法は,組み入れた個別証券のベータ値を,投資比率をウエイトとして加重平均したものになる。これは,ベータ値の分子である共分散の性質を使って示すことができる。証券Aと証券Bを w_A と w_B と

図 13-5
ベータ値の推計

(a) 月次収益率のデータを使ったベータ値の推計例

	個別証券の収益率（%）	市場(株価指数)の収益率（%）
1 月	3.27	2.85
2 月	− 2.51	− 2.61
3 月	1.40	5.93
4 月	7.04	5.27
5 月	− 4.57	− 1.32
6 月	4.45	2.50
7 月	− 8.12	− 6.98
8 月	− 0.26	− 2.06
9 月	6.83	6.42
10 月	− 5.30	− 4.11
11 月	3.52	1.46
12 月	− 1.76	− 5.23
個別証券の収益率と市場の収益率の共分散	17.91	
市場の収益率の分散	18.84	
個別証券のベータ値	0.95	

(b) 同じデータの散布図を使った回帰分析

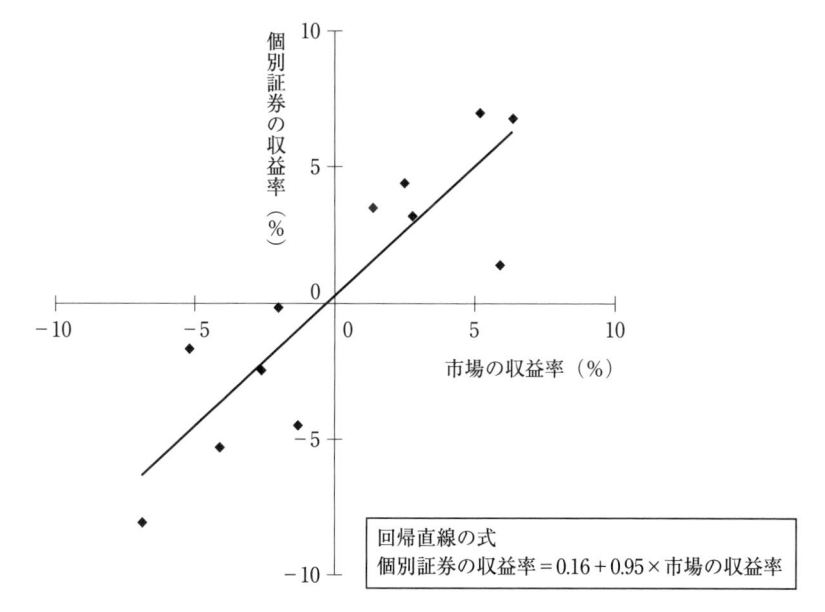

回帰直線の式
個別証券の収益率 = 0.16 + 0.95 × 市場の収益率

いう比率で組み入れるポートフォリオの収益率について，市場ポートフォリオの収益率との共分散 $\sigma_{R_P R_M}$ を考えてみよう。

$$\begin{aligned}
\sigma_{R_P R_M} &\equiv Cov(\widetilde{R}_P, \widetilde{R}_M) \\
&= E[(\widetilde{R}_P - \mu_{R_P})(\widetilde{R}_M - \mu_{R_M})] \\
&= E[\{(w_A \widetilde{R}_A + w_B \widetilde{R}_B) - (w_A \mu_{R_A} + w_B \mu_{R_B})\} \cdot (\widetilde{R}_M - \mu_{R_M})] \\
&= E[\{w_A(\widetilde{R}_A - \mu_{R_A}) + w_B(\widetilde{R}_B - \mu_{R_B})\} \cdot (\widetilde{R}_M - \mu_{R_M})] \\
&= E[w_A(\widetilde{R}_A - \mu_{R_A})(\widetilde{R}_M - \mu_{R_M}) + w_B(\widetilde{R}_B - \mu_{R_B})(\widetilde{R}_M - \mu_{R_M})] \\
&= w_A \cdot E[(\widetilde{R}_A - \mu_{R_A})(\widetilde{R}_M - \mu_{R_M})] + w_B \cdot E[(\widetilde{R}_B - \mu_{R_B})(\widetilde{R}_M - \mu_{R_M})] \\
&= w_A \cdot Cov(\widetilde{R}_A, \widetilde{R}_M) + w_B \cdot Cov(\widetilde{R}_B, \widetilde{R}_M) \\
&\equiv w_A \cdot \sigma_{R_A R_M} + w_B \cdot \sigma_{R_B R_M}
\end{aligned}$$

これを使うと，このポートフォリオのベータ値 β_P は次のようになる。

$$\begin{aligned}
\beta_P &= \frac{\sigma_{R_P R_M}}{\sigma_{R_M}^2} \\
&= w_A \frac{\sigma_{R_A R_M}}{\sigma_{R_M}^2} + w_B \frac{\sigma_{R_B R_M}}{\sigma_{R_M}^2} \\
&= w_A \cdot \beta_A + w_B \cdot \beta_B
\end{aligned} \quad (13\text{-}11)$$

これと同じように，3つ以上の証券を組み入れたポートフォリオのベータ値も，各証券のベータ値を，投資比率をウエイトとして加重平均したものになる。したがって，ポートフォリオを作る場合には，組み入れる個別証券のベータ値（推計値）と予定する投資比率を使えば，ポートフォリオ全体のベータ値（さらには均衡期待収益率）を推計することができる。

なお，ポートフォリオのベータ値については，たとえば投資信託のように，当該ポートフォリオの過去の月次収益率のデータがある場合には，図13-5の方法によって，そのベータ値を推計することも可能である。

13.5 投資のパフォーマンス評価への応用

資本資産評価モデルの(13-10)式は，右辺の r_f を左辺に移項すれば次の形になる。

$$\mu_{Ri} - r_f = \beta_i (\mu_{R_M} - r_f) \qquad (13\text{-}12)$$

この式は，個別証券 i（i にはポートフォリオを含む，以下同じ）のリスクプレミアムと市場リスクプレミアムの間に成立する関係を表している。すなわち，個別証券のリスクプレミアムは，市場リスクプレミアムにベータ値をかけたものとなる。

資本資産評価モデルは，期待リターンすなわち事前の収益率の期待値に関するモデルであるが，このモデルが現実に妥当するとすれば，リスクプレミアムの事後的な実現値（これを**超過収益率**という）の間にも，平均的に同じ関係が成り立つことになる。これを式で表現すると次のようになる[14]。

$$\begin{aligned}&\text{個別証券 } i \text{ の超過収益率の平均}\\&= \beta_i \times \text{市場ポートフォリオの超過収益率の平均}\end{aligned} \qquad (13\text{-}13)$$

(13-13)式は，市場ポートフォリオの超過収益率を横軸，個別証券の超過収益率を縦軸とする散布図を使って回帰分析を行うと，その結果が次のようになることを意味している。

[1] 散布図にフィットさせた回帰直線は，個別証券 i のベータ値を傾きとする直線になる[15]。
[2] この回帰直線は，原点を通る（切片の値が0である）[16]。

図 13-6
超過収益率を使った回帰分析

(図：縦軸「個別証券 i の超過収益率」、横軸「市場ポートフォリオの超過収益率」、回帰直線と傾き β_i、平均点を示す散布図)

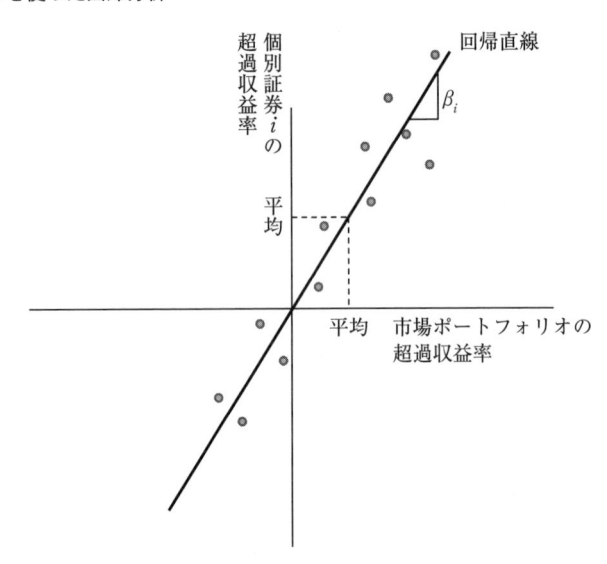

図 13-6 は，このような回帰直線の例である。

(13-13)式から得られる値は，資本資産評価モデルから予測される個別証券 i の平均的な超過収益率であるが，これをベンチマークとして，実際の超過収益率のパフォーマンスを評価することができる。

もし，実際のデータにフィットさせた回帰直線が原点を通らず，切片 α_i を持つ場合，実現した超過収益率の間には，次の関係があったことを意味する（**図 13-7** 参照）。

$$\text{個別証券 } i \text{ の超過収益率の平均} = \alpha_i + \beta_i \times \text{市場ポートフォリオの超過収益率の平均} \quad (13\text{-}14)$$

これは，(13-13)式をベンチマークとするとき，個別証券 i の超過収益率が，ベンチマークから平均して α_i だけ離れていたことを意味する[17]。つまり，α_i が正（負）であれば，個別証券 i の超過収益率は，平均的に α_i だけベンチマークを上回った（下回った）ことになる。このように

図 13-7

ジェンセンのアルファ

縦軸: 個別証券 i の超過収益率
横軸: 市場ポートフォリオの超過収益率

回帰直線, 傾きが β_i で原点を通る直線, β_i, α_i, 平均

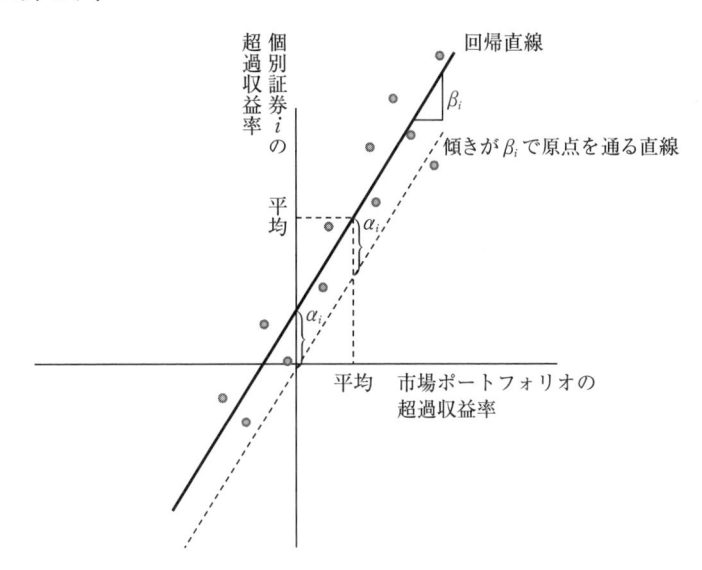

して，回帰直線の切片 α_i を，個別証券 i の事後的なパフォーマンス評価に使うことができる。これを**ジェンセンのアルファ**（Jensen's α）もしくは**ジェンセンの測度**（Jensen's measure）という。月次収益率のデータを使ってこの回帰分析を行う場合，ジェンセンのアルファは，1ヵ月あたりの平均的なベンチマークとの差になり，これを12倍すれば，年率でみたベンチマークとの差になる。

このように，個別証券と市場ポートフォリオ（実際には TOPIX などの株価指数）の超過収益率同士を使って回帰分析を行えば，回帰直線の傾きの値（ベータ値の推計値）と切片の値（ジェンセンのアルファ）を同時に得ることができる[18]。ただし，（多くの証券を含むポートフォリオではなく）個別銘柄についてこの方法を使って推計した結果は，誤差が大きく信頼度はあまり高くない。そのため，通常この方法は，ポートフォリオで運用するファンド（投資信託など）やファンドマネージャー（運用担当者）のパフォーマンス評価に使用される。ジェンセンのアルファは，ファンドやファンドマネージャーが実現した超過収益率の平均から，リスク

（ベータ値）に見合って得られた部分（ベンチマークとしての超過収益率）を控除しているので，リスク調整後のパフォーマンス尺度になっている[19]。

本章に関連する発展的なトピックス

回帰分析と検定の理論，投資のパフォーマンス評価（シャープ・レシオ，トレイナー・レシオ，インフォメーション・レシオ），消費CAPM，ファクターモデルと裁定価格理論

【確認問題】

次の表は，ある投資家が作成したポートフォリオAの収益率と市場（株価指数）の収益率に関する12ヵ月分のデータである。このデータを使って以下の問いに答えなさい（以下，収益率はすべて月次とする）。なお，無リスク利子率は，この12ヵ月の間，月利0.3％で一定であったものと仮定する。

	ポートフォリオAの収益率（％）	市場（株価指数）の収益率（％）
1月	−1.34	−3.62
2月	1.52	−1.39
3月	−2.79	−4.10
4月	1.81	0.12
5月	6.28	4.26
6月	7.76	6.87
7月	1.60	2.98
8月	6.37	5.84
9月	2.36	1.10
10月	5.65	1.37
11月	−6.03	−5.21
12月	4.31	3.43

(1) ポートフォリオAの収益率と市場の収益率の共分散を求め，これを市場の収益率の分散で割ることにより，ポートフォリオAのベータ値 β_A を推計しなさい。

(2) 市場の超過収益率の平均と上記(1)の β_A の推計値を使って，資本資産評価モデルから予測されるポートフォリオAの超過収益率（ベンチマークとしての超過収益率）を求めなさい。

(3) ポートフォリオAの実際の超過収益率の平均から，(2)で求めたベンチマークを引いて，ポートフォリオAのジェンセンのアルファを求めなさい。

(4) 表計算ソフトを使って，市場の超過収益率を横軸，ポートフォリオAの超過収益率を縦軸とする散布図を作成し，「近似曲線の追加」機能を使って，その散布図の中に，データにフィットする回帰直線とその式を表示しなさい。また，この回帰直線の式を，上記(1)および(3)の結果と照合しなさい（統計学の検定の知識があれば，ジェンセンのアルファの統計的な有意性を検定しなさい）。

[注]
1. 本章で学ぶモデルは，ノーベル賞経済学者であるシャープを含む複数の研究者によって確立された。シャープの論文は1964年に発表されている。
2. これらの仮定の中には，現実的とは評しにくいものもある。しかし，これらの仮定を受け入れることによって，個別証券の期待リターンを与えるモデルが導出される意義は大きい。仮定の現実性と合わせて，導かれたモデルの解釈のしやすさ，実用性，データとの整合性などを総合的に勘案して，モデルが評価されることになる。
3. たとえば，接点ポートフォリオにおけるある個別証券への投資比率が1％であるとすると，すべての投資家は，危険資産への投資金額の1％をその証券に投資する。これを投資家全員について合計すれば，その証券の総価値が（危険資産の）証券市場全体に占める比率もまた1％となる。
4. もし，投資家の計算の結果，ある個別証券が接点ポートフォリオに含まれないとすると，その証券は買い手がいないため価格が下落する。価格が下落するにつれて，その証券は投資対象として魅力的となり，結果的に接点ポートフォリオに含まれることとなる。仮定④と⑤のもとで，すべての証券についてこのような調整過程が終了し，証券市場の需給が一致した状態（均衡状態）では，すべての投資家の危険資産ポートフォリオが，全く同一の市場ポートフォリオとなる。
5. TOPIXの過去の収益率の平均を μ_{RM} として，ここから現在の短期国債の利回り（本文の例では3％）を引いて市場リスクプレミアムを推計することも考えられる。しかしながら，金利動向によって短期国債の利回りも毎年変動するので，本文のように各年のTOPIXの収益率から同じ年の短期国債の収益率を引き，これを平均したものを市場リスクプレミア

ムの推計値とするのが一般的である。
6. 短期国債（特に残存1年の割引国債）であれば，現在の利回りが確実に1年間の収益率となるので，無リスク利子率として使用するのにふさわしい。しかしながら，第4章（4.2節の注4）でも述べたように，資本資産評価モデルのインプットである r_f の値として，より長期の国債（たとえば，10年物国債）の利回りを使用する場合もある。
7. 説明を簡単にするため，本章でも証券（危険資産）の空売りはできないものと仮定する。
8. (13-3)式の { } の中をAとおいて，合成関数に関する微分の公式を使うと次のようになる（第9章（9.3節）参照）。

$$\frac{d\sigma_{RP}}{d\alpha} = \frac{1}{2}A^{-\frac{1}{2}} \cdot \frac{dA}{d\alpha} = \frac{1}{2} \cdot \frac{1}{A^{\frac{1}{2}}} \cdot \frac{dA}{d\alpha}$$

9. CAPMは，資本資産評価モデルの英文名称 Capital Asset Pricing Model の頭文字である。
10. 一般に，定数と確率変数の共分散は0であるため，安全資産のベータ値は分子が0になる。
11. ある投資家（アナリスト）が個別証券に対して主観的に予想する収益率と，均衡期待収益率の推計値との差を事前のアルファと呼ぶ。事前のアルファが正である証券を見出した投資家（アナリスト）は，その証券を割安（買い推奨に値する）と評価することが可能である。
12. 個別銘柄について推計したベータ値は，誤差が大きく信頼度が低いため，当該企業と同じ業種に属する銘柄の平均的なベータ値（産業ベータ）を使用することも多い。ただし，同じ業種に属する企業の財務レバレッジ（D/Eレシオ）がばらついている場合には，現状の負債のある状態で推計された各社のベータ値（レバード・ベータ）β_L を，下の関係式（右の式）を使って負債がないと想定したときのベータ値（アンレバード・ベータ）β_U に変換してから平均する。こうして推定した業界平均の β_U と当該企業のD/Eレシオを使って，同じ関係式（左の式）から，当該企業のD/Eレシオに対応したベータ値を推定する。

【β_L と β_U の関係式（t は法人税率である）】

$$\beta_L = \left\{1+(1-t)\frac{D}{E}\right\}\beta_U \quad \text{すなわち，} \quad \beta_U = \frac{\beta_L}{1+(1-t)\frac{D}{E}}$$

この関係式を導くにあたっては，負債のベータ値 β_D が0であると仮定されている。なお，この関係式が成り立つことは，第7章（7.3節）でみたモジリアーニとミラー（MM）のフレームワークを使って，次のように説明できる。

MMのフレームワークでは，負債のない企業の株式に要求される期待収益率 r_U と，（そのほかの点では全く同じであるが）負債のある企業の株式に要求される期待収益率 r_L の間には，次の関係がある（r_D は負債の借入金利を表す）。

$$r_L = r_U + (1-t)(r_U - r_D)\frac{D}{E} \quad \text{【法人税がある場合のMMの第2命題】}$$

これを変形すると，

$$r_L = \left\{1+(1-t)\frac{D}{E}\right\}r_U - (1-t)\frac{D}{E}r_D$$

となる。この式の両辺の期待収益率を，資本資産評価モデルを使って表すと，

$$r_f + \beta_L(\mu_{RM} - r_f) = \left\{1 + (1-t)\frac{D}{E}\right\}\{r_f + \beta_U(\mu_{RM} - r_f)\} - (1-t)\frac{D}{E}\{r_f + \beta_D(\mu_{RM} - r_f)\}$$

となる.ここで,負債のベータ β_D が 0 であると仮定すれば,

$$r_f + \beta_L(\mu_{RM} - r_f) = r_f + \left\{1 + (1-t)\frac{D}{E}\right\}\beta_U(\mu_{RM} - r_f)$$

となり,この両辺を比較すれば,次の関係式が成り立つことがわかる.

$$\beta_L = \left\{1 + (1-t)\frac{D}{E}\right\}\beta_U$$

13. 表計算ソフトで作成した散布図のグラフに,データに最もフィットする近似線を追加すると近似線の式が表示される.その式の傾きがベータ値の推計値となる.
14. 月次収益率のデータを使うときには,個別証券の各月の収益率から同じ月の短期金融市場(コール市場など)の 1 ヵ月物金利を引いて超過収益率を算出することが多い.
15. この超過収益率同士の回帰分析で得られるベータ値の推計値は,前節の方法(無リスク利子率を引く前の(グロスの)収益率同士の回帰分析)によって得られる推計値と一致はしないが,かなり近い値になる.推計期間を通して無リスク利子率が一定であれば,2 つの推計値は一致する(本章の確認問題参照).
16. 回帰直線は,横軸方向のデータと縦軸方向のデータの平均値同士を座標とする点を通る.したがって,超過収益率の平均値同士の間に,(13-13)式が成り立つならば,回帰直線は原点を通らなければならない.
17. 超過収益率に無リスク利子率を足したもの,すなわち個別証券 i の(グロスの)収益率が,資本資産評価モデルの予測(均衡期待収益率の推計値)から平均して α_i だけ離れていたと表現してもよい.
18. さらには統計学の標準的な方法を使って,推計された α_i の信頼度(統計的な有意性)を検定することもできる.
19. ポートフォリオ理論に基づいてリスク調整を行うパフォーマンス尺度には,ジェンセンのアルファのほかに,シャープ・レシオ,トレイナー・レシオ,インフォメーション・レシオなどがある.なお,本書の範囲を超える知識であるが,ジェンセンのアルファには,回帰分析のアウトプットから統計的な検定が可能であり,またマルチファクターの資産評価モデルにも適用できるという特徴がある.

確認問題の解答

第1章

1. 50（万円）

2. $\dfrac{55}{1.05} = 52.38$（万円）

3. $\dfrac{60}{(1.05)^2} = 54.42$（万円）

4. 年金現価係数（5％，3年）2.7232 より，$20 \times 2.7232 = 54.46$（万円）

5. 1年後以降にもらう15回分の現在価値は，年金現価係数（5％，15年）$= 10.3797$ より，$5 \times 10.3797 = 51.90$（万円）
   これに今日もらう5万円を足して，56.90（万円）

6. 1年後からはじめて，12年後まで毎年8万円をもらうとすると，年金現価係数（5％，12年）8.8633 より，$8 \times 8.8633 = 70.91$（万円）
   このうち，実際にはもらわない最初の2回分の価値は，年金現価係数（5％，2年）1.8594 より，$8 \times 1.8594 = 14.88$（万円）
   よって，$70.91 - 14.88 = 56.03$（万円）

7. ゼロ成長モデルより，$\dfrac{3}{0.05} = 60$（万円）

8. 定率成長モデルより，$\dfrac{1}{0.05 - 0.03} = 50$（万円）

以上より，最も現在価値が大きいのは選択肢7である。

第2章

A銀行の預金金利が4％に下がったとき，

(a) $\dfrac{100}{1.04} = 96.15$（万円）

(b) $\dfrac{50}{1.04} + \dfrac{50}{(1.04)^2} = 48.08 + 46.23 = 94.31$（万円）

(c) $\dfrac{5}{0.04} = 125$（万円）

(d) $\dfrac{5}{0.04-0.02}=250$（万円）

A銀行の預金という，他に存在する同等の物件の収益率が低下したので，これと同じ収益率を保証すればよいことから，(a)〜(d)の価格が上昇した。

A銀行の預金金利が6％に上がったとき，

(a) $\dfrac{100}{1.06}=94.34$（万円）

(b) $\dfrac{50}{1.06}+\dfrac{50}{(1.06)^2}=47.17+44.50=91.67$（万円）

(c) $\dfrac{5}{0.06}=83.33$（万円）

(d) $\dfrac{5}{0.06-0.02}=125$（万円）

A銀行の預金という，他に存在する同等の物件の収益率が上昇したので，これと同じ収益率を保証しなければならないことから，(a)〜(d)の価格が下落した。

第3章

1. $\dfrac{7}{1.04}+\dfrac{107}{(1.06)^2}=6.73+95.23=101.96$（円）

    $\dfrac{7}{1+r}+\dfrac{107}{(1+r)^2}=101.96$ より，$r=0.0593$（5.93％）

2. $P=\dfrac{C}{1+r}+\dfrac{C}{(1+r)^2}+\dfrac{C}{(1+r)^3}+\cdots+\dfrac{C+100}{(1+r)^n}$ (1)式

    (1)式の両辺に $\dfrac{1}{1+r}$ をかけると，

    $\dfrac{1}{1+r}P=\dfrac{C}{(1+r)^2}+\dfrac{C}{(1+r)^3}+\cdots+\dfrac{C}{(1+r)^n}+\dfrac{C+100}{(1+r)^{n+1}}$ (2)式

    両辺について，(1)式から(2)式を引くと，

$$P - \frac{1}{1+r}P = \frac{C}{1+r} + \frac{100}{(1+r)^n} - \frac{C+100}{(1+r)^{n+1}}$$

$$P\left(\frac{r}{1+r}\right) = \frac{C}{1+r} + \frac{100}{(1+r)^n} - \frac{C+100}{(1+r)^{n+1}}$$

$$P\left(\frac{r}{1+r}\right) = C\left\{\frac{1}{1+r} - \frac{1}{(1+r)^{n+1}}\right\} + \frac{100}{(1+r)^n}\left(\frac{r}{1+r}\right)$$

$$P = \frac{C}{r}\left\{1 - \frac{1}{(1+r)^n}\right\} + \frac{100}{(1+r)^n}$$

利回りが表面利率と等しいとき,$r = \frac{C}{100}$ より $C = 100r$ なので,

$$P = 100\left\{1 - \frac{1}{(1+r)^n}\right\} + \frac{100}{(1+r)^n}$$

$$= 100$$

3. 国債の利回り3%,利回りスプレッド2%より,妥当な約定利回りは5%となるから,

$$\frac{4}{1.05} + \frac{4}{(1.05)^2} + \frac{104}{(1.05)^3} = 3.81 + 3.63 + 89.84 = 97.28 \text{ (円)}$$

第4章

(1) 株式の要求収益率は $(2\% + 1.5 \times 4\% =)$ 8%なので,

$$\frac{40}{0.08} = 500 \text{ (円)}$$

(2) 再投資される資本の利益率が6%のとき,

$$\frac{24}{0.08 - 0.4 \times 0.06} = 428.57 \text{ (円)}$$

再投資される資本の利益率が8%のとき,

$$\frac{24}{0.08 - 0.4 \times 0.08} = 500 \text{ (円)}$$

再投資される資本の利益率が10%のとき,

$$\frac{24}{0.08 - 0.4 \times 0.1} = 600 \text{ (円)}$$

再投資される資本の利益率が株式の要求収益率よりも低い（高い）とき，株価は(1)のケースよりも低い（高い）。

第5章

1. 毎年のフリーキャッシュフローは税引後営業利益と同じで，$100 \times (1-0.4) = 60$（億円）

   株主資本の価値は，
   $$\frac{FCF - D \cdot (1-t) \cdot r_D}{r_E} = \frac{60 - 1{,}000 \times (1-0.4) \times 0.05}{0.09}$$

   $= 333.33$（億円）

   企業価値は，$1{,}000 + 333.33 = 1{,}333.33$（億円）

2. (1) 予測期間のフリーキャッシュフロー（FCF_1 から FCF_5）は，

   $FCF_1 = 60 + 20 - 50 - 15 = 15$（億円）

   $FCF_2 = 69 + 25 - 60 - 12 = 22$（億円）

   $FCF_3 = 87 + 30 - 75 - 10 = 32$（億円）

   $FCF_4 = 75 + 50 - 80 - 8 = 37$（億円）

   $FCF_5 = 78 + 50 - 80 - 5 = 43$（億円）

   負債がないので，加重平均資本コストは10％であり，現在価値は，

   $$\frac{15}{1.1} + \frac{22}{(1.1)^2} + \frac{32}{(1.1)^3} + \frac{37}{(1.1)^4} + \frac{43}{(1.1)^5}$$

   $= 13.64 + 18.18 + 24.04 + 25.27 + 26.70 = 107.83$（億円）

   (2) 継続価値は，$\dfrac{43 \times 1.02}{0.1 - 0.02} = 548.25$（億円）

   継続価値の現在価値は，$\dfrac{548.25}{(1.1)^5} = 340.42$（億円）

(3) $107.83 + 340.42 = 448.25$ (億円)

第6章

株主資本コストは，$2\% + 1.2 \times 5\% = 8\%$

加重平均資本コストは，$\dfrac{1}{2} \times (1-0.4) \times 4\% + \dfrac{1}{2} \times 8\% = 5.2\%$

C_0 は，$-5,000 - 1,000 = -6,000$（万円）
$C_1 \sim C_4$ は，$300 + 1,000 - 0 - 0 = 1,300$（万円）
C_5 は，$300 + 1,000 - 0 - (-1,000) = 2,300$（万円）

プロジェクトの正味現在価値は，

$$-6,000 + \dfrac{1,300}{1.052} + \dfrac{1,300}{(1.052)^2} + \dfrac{1,300}{(1.052)^3} + \dfrac{1,300}{(1.052)^4} + \dfrac{2,300}{(1.052)^5}$$

$= -6,000 + 1,235.74 + 1,174.66 + 1,116.60 + 1,061.40 + 1,785.04$
$= 373.44$（万円）

正味現在価値が正なので，このプロジェクトは採択すべきである。

第7章

1. $r_E = r_U + (1-t)(r_U - r_D)\dfrac{D}{E}$ より，

$10\% = r_U + (1-0.4)(r_U - 6\%) \times \dfrac{3,000}{3,920}$

これを解いて，$r_U = 8.74\%$

新たな財務レバレッジ（D/E レシオ $= 1$）のもとでの株主資本コスト r_E' は，

$8.74\% + (1-0.4)(8.74\% - 6\%) \times 1 = 10.38\%$

加重平均資本コスト $wacc'$ は，

$\dfrac{1}{2} \times (1-0.4) \times 6\% + \dfrac{1}{2} \times 10.38\% = 1.8\% + 5.19\% = 6.99\%$

企業価値 V' は，$\dfrac{500}{0.0699} = 7,153.08$（億円）

2. 現在は，$r_E = r_U = wacc = 10\%$

新たな財務レバレッジ（D/E レシオ ＝ 1）のもとでの株主資本コスト r_E' は，

$10\% + (1-0.4)(10\% - 5\%) \times 1 = 13\%$

加重平均資本コスト $wacc'$ は，

$\dfrac{1}{2} \times (1-0.4) \times 5\% + \dfrac{1}{2} \times 13\% = 1.5\% + 6.5\% = 8\%$

企業価値 V' は，

$$\dfrac{15}{1.08} + \dfrac{22}{(1.08)^2} + \dfrac{32}{(1.08)^3} + \dfrac{37}{(1.08)^4} + \dfrac{43}{(1.08)^5}$$

$$+ \dfrac{43 \times 1.02}{0.08 - 0.02} \times \dfrac{1}{(1.08)^5}$$

$= 13.89 + 18.86 + 25.40 + 27.20 + 29.27 + 497.51$

$= 612.13$（億円）

企業価値の増加は，負債の節税効果によるものである。

なお，MM のフレームワークでは，フリーキャッシュフローの期待値と負債の額が永久に一定であることを想定しているので，本問のようなケースにおいて，MM のフレームワークを使って求められたレバレッジ変更後の資本コストや企業価値はあくまで近似的なものとなる。

第 8 章

1. （金利を r，年数を n とする）

年金現価係数は，$\dfrac{1}{1+r} + \dfrac{1}{(1+r)^2} + \cdots + \dfrac{1}{(1+r)^{n-1}} + \dfrac{1}{(1+r)^n}$ である。

これは，初項 $\dfrac{1}{1+r}$，公比 $\dfrac{1}{1+r}$ という等比数列の第 n 項までの和なので，

$$\frac{\frac{1}{1+r}\left\{1-\left(\frac{1}{1+r}\right)^n\right\}}{1-\frac{1}{1+r}} = \frac{1}{r}\left\{1-\frac{1}{(1+r)^n}\right\} = \frac{1-(1+r)^{-n}}{r}$$

年金終価係数は，$(1+r)^{n-1}+(1+r)^{n-2}+\cdots+(1+r)^2+(1+r)+1$ である。

これを後ろから見ると，初項 1，公比 $(1+r)$ という等比数列の第 n 項までの和なので，

$$\frac{1\times\{1-(1+r)^n\}}{1-(1+r)} = \frac{1-(1+r)^n}{-r} = \frac{(1+r)^n-1}{r}$$

2．ゼロ成長モデルは，初項 $\dfrac{C}{1+r}$，公比 $\dfrac{1}{1+r}$（<1）という等比数列の和の極限値なので，

$$\frac{\frac{C}{1+r}}{1-\frac{1}{1+r}} = \frac{C}{r}$$

定率成長モデルは，初項 $\dfrac{C}{1+r}$，公比 $\dfrac{1+g}{1+r}$（<1）という等比数列の和の極限値なので，

$$\frac{\frac{C}{1+r}}{1-\frac{1+g}{1+r}} = \frac{C}{r-g}$$

第9章

1．$\dfrac{dy}{dx} = (-1)\times(x+1)^{-2}\times 1+(-2)\times(2x+1)^{-3}\times 2$

$\qquad +(-3)\times(3x+1)^{-4}\times 3$

$\quad = -\dfrac{1}{(x+1)^2}-\dfrac{4}{(2x+1)^3}-\dfrac{9}{(3x+1)^4}$

$\left.\dfrac{dy}{dx}\right|_{x=1} = -\dfrac{1}{4}-\dfrac{4}{27}-\dfrac{9}{256} = -\dfrac{1,728}{6,912}-\dfrac{1,024}{6,912}-\dfrac{243}{6,912}$

$$= -\frac{2,995}{6,912} = -0.4333$$

$$\Delta y \approx -0.4333 \times 0.01 = -0.004333$$

2．$\dfrac{dy}{dt} = -1 \times (2t-1)^{-2} \times 2 = -\dfrac{2}{(2t-1)^2}$

$\dfrac{dx}{dt} = 2 \times (2-t) \times (-1) = -2(2-t)$

$\dfrac{dy}{dx} = \dfrac{\dfrac{dy}{dt}}{\dfrac{dx}{dt}} = \dfrac{-\dfrac{2}{(2t-1)^2}}{-2(2-t)} = \dfrac{1}{(2-t)(2t-1)^2}$

$\left.\dfrac{dy}{dx}\right|_{t=0} = \dfrac{1}{2 \times 1} = \dfrac{1}{2}$

第10章

1．$P = \dfrac{4}{1+r} + \dfrac{4}{(1+r)^2} + \dfrac{4}{(1+r)^3} + \dfrac{4}{(1+r)^4} + \dfrac{104}{(1+r)^5}$

$\dfrac{dP}{dr} = -\dfrac{1}{1+r}\left\{1 \cdot \dfrac{4}{1+r} + 2 \cdot \dfrac{4}{(1+r)^2} + 3 \cdot \dfrac{4}{(1+r)^3} + 4 \cdot \dfrac{4}{(1+r)^4}\right.$

$\left. + 5 \cdot \dfrac{104}{(1+r)^5}\right\}$

$\left.\dfrac{dP}{dr}\right|_{r=0.03} = -\dfrac{1}{1.03}\left\{1 \cdot \dfrac{4}{1.03} + 2 \cdot \dfrac{4}{(1.03)^2} + 3 \cdot \dfrac{4}{(1.03)^3} + 4 \cdot \dfrac{4}{(1.03)^4}\right.$

$\left. + 5 \cdot \dfrac{104}{(1.03)^5}\right\}$

$= -\dfrac{1}{1.03}(3.883 + 7.541 + 10.982 + 14.216 + 448.557)$

$= -\dfrac{1}{1.03} \times 485.179$

$= -471.05$

よって，$D_\$ = 471.05$

$$P = \frac{4}{1.03} + \frac{4}{(1.03)^2} + \frac{4}{(1.03)^3} + \frac{4}{(1.03)^4} + \frac{104}{(1.03)^5}$$

$$= 3.883 + 3.770 + 3.661 + 3.554 + 89.711$$

$$= 104.58 \text{ (円)}$$

よって，$D_{\mathrm{mod}} = \dfrac{D_{\$}}{P} = \dfrac{471.05}{104.58} = 4.50$

$D_{MAC} = D_{\mathrm{mod}} \cdot (1+r) = 4.50 \times 1.03 = 4.64$ （年）

利回りが1％幅上昇したとき，

$\Delta P \approx -D_{\$} \cdot \Delta r = -471.05 \times 0.01 = -4.71$ （円）

$\dfrac{\Delta P}{P} \approx -D_{\mathrm{mod}} \cdot \Delta r = -4.50 \times 0.01 = -0.045$ （-4.5%）

利回りが1％幅低下したとき，

$\Delta P \approx -D_{\$} \cdot \Delta r = -471.05 \times (-0.01) = 4.71$ （円）

$\dfrac{\Delta P}{P} \approx -D_{\mathrm{mod}} \cdot \Delta r = -4.50 \times (-0.01) = 0.045$ （4.5%）

2．X銀行については，資産の修正デュレーション $D_{\mathrm{mod} \cdot A}$ は，ポートフォリオの修正デュレーションの式を使って，

$$D_{\mathrm{mod} \cdot A} = \frac{5}{10} \times 2 + \frac{5}{10} \times 10 = 1 + 5 = 6$$

デュレーション・ギャップ GAP は，

$$GAP = D_{\mathrm{mod} \cdot A} - \frac{L}{A} D_{\mathrm{mod} \cdot L} = 6 - \frac{9}{10} \times 1 = 5.1$$

デュレーション・ギャップが正なので，金利の上昇によって純資産が減少する。

金利が1％幅上昇するとき，

$$\Delta(A - L) \approx -(D_{\$ \cdot A} - D_{\$ \cdot L}) \cdot \Delta r = -A \left(D_{\mathrm{mod} \cdot A} - \frac{L}{A} D_{\mathrm{mod} \cdot L} \right) \cdot \Delta r$$

$$= -A \cdot GAP \cdot \Delta r = -10 \times 5.1 \times 0.01 = -0.51$$

よって，純資産は近似的に0.51兆円減少し，0.49兆円となる。

金利が1％幅低下するとき，

$\Delta(A-L) \approx -A \cdot GAP \cdot \Delta r = -10 \times 5.1 \times (-0.01) = 0.51$

よって，純資産は近似的に 0.51 兆円増加し，1.51 兆円となる。
Y 生命保険については，X 銀行と同様に，

$$D_{\mathrm{mod} \cdot A} = \frac{5}{10} \times 2 + \frac{5}{10} \times 10 = 1 + 5 = 6$$

デュレーション・ギャップ GAP は，

$$GAP = D_{\mathrm{mod} \cdot A} - \frac{L}{A} D_{\mathrm{mod} \cdot L} = 6 - \frac{9}{10} \times 20 = -12$$

デュレーション・ギャップが負なので，金利の上昇によって純資産が増加する。
金利が 1% 幅上昇するとき，

$\Delta(A-L) \approx -A \cdot GAP \cdot \Delta r = -10 \times (-12) \times 0.01 = 1.2$

よって，純資産は近似的に 1.2 兆円増加し，2.2 兆円となる。
金利が 1% 幅低下するとき，

$\Delta(A-L) \approx -A \cdot GAP \cdot \Delta r = -10 \times (-12) \times (-0.01) = -1.2$

よって，純資産は近似的に 1.2 兆円減少し，−0.2 兆円となる。

3. (1) $\dfrac{1,000}{(1.05)^5} = 783.53$（万円）

(2) 金利が低下すると，利息部分を 5% では運用できないリスクがある。

(3) 金利が上昇すると，5 年後の売却価格が予定よりも低下するリスクがある。

(4) 国債 A のマコーレーのデュレーションは，

$$1 \cdot \frac{\frac{7}{1.05}}{108.66} + 2 \cdot \frac{\frac{7}{(1.05)^2}}{108.66} + 3 \cdot \frac{\frac{7}{(1.05)^3}}{108.66} + 4 \cdot \frac{\frac{7}{(1.05)^4}}{108.66}$$

$$+ 5 \cdot \frac{\frac{107}{(1.05)^5}}{108.66}$$

$= 0.0614 + 0.1169 + 0.1669 + 0.2120 + 3.8578$

$= 4.42$（年）

国債Bのマコーレーのデュレーションは，

$$1 \cdot \frac{\frac{5}{1.05}}{100} + 2 \cdot \frac{\frac{5}{(1.05)^2}}{100} + 3 \cdot \frac{\frac{5}{(1.05)^3}}{100} + 4 \cdot \frac{\frac{5}{(1.05)^4}}{100}$$

$$+ 5 \cdot \frac{\frac{5}{(1.05)^5}}{100} + 6 \cdot \frac{\frac{5}{(1.05)^6}}{100} + 7 \cdot \frac{\frac{105}{(1.05)^7}}{100}$$

$= 0.0476 + 0.0907 + 0.1296 + 0.1645 + 0.1959 + 0.2239 + 5.2235$

$= 6.08$（年）

国債Aの投資比率を X_A とすると，$4.42 X_A + 6.08(1 - X_A) = 5$ より，$X_A = 0.65$ となるので，国債Aに0.65，国債Bに0.35の比率で投資すればよい。

第11章

1. 68%の範囲の下限は $10 - 7 = 3$（%），上限は $10 + 7 = 17$（%）
   95%の範囲の下限は $10 - 2 \times 7 = -4$（%），上限は $10 + 2 \times 7 = 24$（%）

2. (1) $\widetilde{R}_C$ の期待値　$0.25 \times 3 + 0.25 \times 7 + 0.25 \times 10 + 0.25 \times 15 = 8.75$（%）
   $\widetilde{R}_C$ の分散　$0.25 \times (3 - 8.75)^2 + 0.25 \times (7 - 8.75)^2$
   　　　　　　　$+ 0.25 \times (10 - 8.75)^2 + 0.25 \times (15 - 8.75)^2$
   　　　　　　$= 8.2656 + 0.7656 + 0.3906 + 9.7656$
   　　　　　　$= 19.187$

   $\widetilde{R}_C$ の標準偏差　$\sqrt{19.187} = 4.38$（%）

   (2) $\widetilde{R}_D$ の期待値　$0.25 \times 6 + 0.25 \times 2 + 0.25 \times 8 + 0.25 \times 5 = 5.25$（%）
   $\widetilde{R}_D$ の分散　$0.25 \times (6 - 5.25)^2 + 0.25 \times (2 - 5.25)^2$
   　　　　　　$+ 0.25 \times (8 - 5.25)^2 + 0.25 \times (5 - 5.25)^2$
   　　　　　　$= 0.1406 + 2.6406 + 1.8906 + 0.0156$
   　　　　　　$= 4.687$

$\widetilde{R}_D$ の標準偏差　$\sqrt{4.687} = 2.16$（％）

(3) $\widetilde{R}_C$ と $\widetilde{R}_D$ の共分散

$0.25 \times (3-8.75) \times (6-5.25) + 0.25 \times (7-8.75) \times (2-5.25)$
$+ 0.25 \times (10-8.75) \times (8-5.25) + 0.25 \times (15-8.75) \times (5-5.25)$
$= -1.0781 + 1.4219 + 0.8594 + (-0.3906)$
$= 0.8126$

$\widetilde{R}_C$ と $\widetilde{R}_D$ の相関係数　$\dfrac{0.8126}{4.38 \times 2.16} = 0.086$

第12章

1. $w_B = 1 - w_A$ より

$\sigma_{R_P}^2 = w_A^2 \cdot \sigma_{R_A}^2 + (1-w_A)^2 \cdot \sigma_{R_B}^2 + 2w_A(1-w_A) \cdot \sigma_{R_A R_B}$

$\dfrac{d\sigma_{R_P}^2}{dw_A} = 2w_A \sigma_{R_A}^2 + 2(1-w_A)(-1)\sigma_{R_B}^2 + (2-4w_A)\sigma_{R_A R_B}$

この導関数の値を 0 とする w_A^* を求めると，

$w_A^* = \dfrac{\sigma_{R_B}^2 - \sigma_{R_A R_B}}{\sigma_{R_A}^2 + \sigma_{R_B}^2 - 2\sigma_{R_A R_B}}$

$w_B^* = 1 - w_A^* = \dfrac{\sigma_{R_A}^2 - \sigma_{R_A R_B}}{\sigma_{R_A}^2 + \sigma_{R_B}^2 - 2\sigma_{R_A R_B}}$

$w_A^* = \dfrac{(2.83)^2 - (-12)}{(4.36)^2 + (2.83)^2 - 2(-12)} = 0.39$

$w_B^* = 1 - w_A^* = 1 - 0.39 = 0.61$

2. 接点ポートフォリオの投資比率を w_T とする。

6％のリスクをとるとき，$w_T \sigma_{R_S} = 6$（％）より，$w_T = \dfrac{6\%}{15\%} = 0.4$

よって，接点ポートフォリオ：安全資産 $= 0.4 : 0.6$

効率的な投資機会におけるリスクとリターンの関係は，

$\mu_{R_P} = r_f + \dfrac{\mu_{R_T} - r_f}{\sigma_{R_T}} \cdot \sigma_{R_P}$ より，

$$\mu_{R_P} = 5\% + \frac{10\% - 5\%}{15\%} \cdot \sigma_{R_P} = 5\% + \frac{1}{3} \cdot \sigma_{R_P}$$

よって期待リターンは，$5\% + \frac{1}{3} \times 6\% = 7\%$

15%のリスクをとるとき，$w_T = \frac{15\%}{15\%} = 1$ より，

接点ポートフォリオ：安全資産 $= 1:0$

期待リターンは，$5\% + \frac{1}{3} \times 15\% = 10\%$

24%のリスクをとるとき，$w_T = \frac{24\%}{15\%} = 1.6$ より，

接点ポートフォリオ：安全資産 $= 1.6:-0.6$

期待リターンは，$5\% + \frac{1}{3} \times 24\% = 13\%$

期待リターンを5%とするとき，$5\%(1-w_T) + 10\% \cdot w_T = 5\%$
これを解いて $w_T = 0$ より，接点ポートフォリオ：安全資産 $= 0:1$
効率的な投資機会におけるリスクとリターンの関係から，

$$5\% = 5\% + \frac{1}{3} \cdot \sigma_{R_P}$$

これを解いてリスクは，0%
期待リターンを8%とするとき，$5\%(1-w_T) + 10\% \cdot w_T = 8\%$
これを解いて $w_T = 0.6$ より，

接点ポートフォリオ：安全資産 $= 0.6:0.4$

$8\% = 5\% + \frac{1}{3} \cdot \sigma_{R_P}$ を解いて，リスクは9%

期待リターンを15%とするとき，$5\%(1-w_T) + 10\% \cdot w_T = 15\%$
これを解いて $w_T = 2$ より，

接点ポートフォリオ：安全資産 $= 2:-1$

$15\% = 5\% + \frac{1}{3} \cdot \sigma_{R_P}$ を解いて，リスクは30%

第13章

(1) ポートフォリオAの収益率と市場の収益率の共分散　13.86
市場の収益率の分散 14.24

β_A の推計値　$\dfrac{13.86}{14.24} = 0.97$

(2) 市場の超過収益率の平均　0.67%
資本資産評価モデルから予測されるポートフォリオAの超過収益率は，
$0.97 \times 0.67\% = 0.65\%$

(3) ポートフォリオAの実際の超過収益率の平均　1.99%
ポートフォリオAのジェンセンのアルファ
$1.99\% - 0.65\% = 1.34\%$

(4)

回帰直線の式
ポートフォリオAの超過収益率
=1.34+0.97×市場の超過収益率

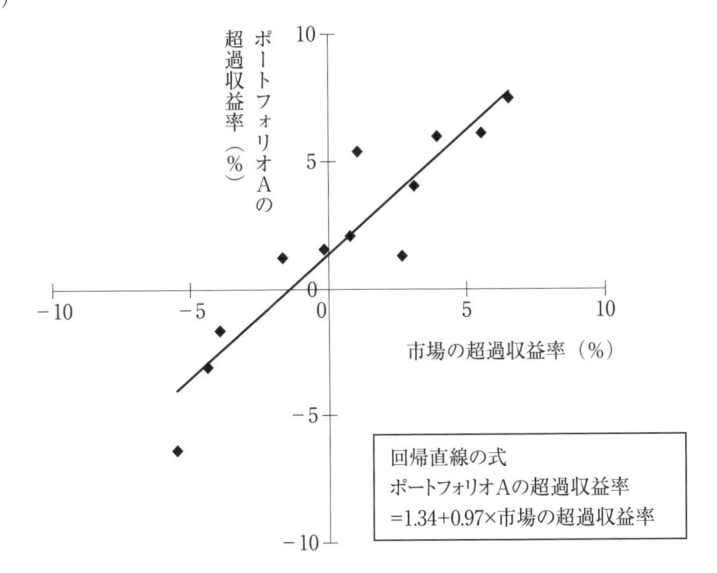

(統計的な検定をすると，切片のt値が2.85，p値が0.017であり，ジェンセンのアルファは，5%の水準で統計的に有意である。)

巻末付録

現価係数表

n \ r	1%	2%	3%	4%	5%	6%	7%
1	0.9901	0.9804	0.9709	0.9615	0.9524	0.9434	0.9346
2	0.9803	0.9612	0.9426	0.9246	0.9070	0.8900	0.8734
3	0.9706	0.9423	0.9151	0.8890	0.8638	0.8396	0.8163
4	0.9610	0.9238	0.8885	0.8548	0.8227	0.7921	0.7629
5	0.9515	0.9057	0.8626	0.8219	0.7835	0.7473	0.7130
6	0.9420	0.8880	0.8375	0.7903	0.7462	0.7050	0.6663
7	0.9327	0.8706	0.8131	0.7599	0.7107	0.6651	0.6227
8	0.9235	0.8535	0.7894	0.7307	0.6768	0.6274	0.5820
9	0.9143	0.8368	0.7664	0.7026	0.6446	0.5919	0.5439
10	0.9053	0.8203	0.7441	0.6756	0.6139	0.5584	0.5083
11	0.8963	0.8043	0.7224	0.6496	0.5847	0.5268	0.4751
12	0.8874	0.7885	0.7014	0.6246	0.5568	0.4970	0.4440
13	0.8787	0.7730	0.6810	0.6006	0.5303	0.4688	0.4150
14	0.8700	0.7579	0.6611	0.5775	0.5051	0.4423	0.3878
15	0.8613	0.7430	0.6419	0.5553	0.4810	0.4173	0.3624
16	0.8528	0.7284	0.6232	0.5339	0.4581	0.3936	0.3387
17	0.8444	0.7142	0.6050	0.5134	0.4363	0.3714	0.3166
18	0.8360	0.7002	0.5874	0.4936	0.4155	0.3503	0.2959
19	0.8277	0.6864	0.5703	0.4746	0.3957	0.3305	0.2765
20	0.8195	0.6730	0.5537	0.4564	0.3769	0.3118	0.2584
21	0.8114	0.6598	0.5375	0.4388	0.3589	0.2942	0.2415
22	0.8034	0.6468	0.5219	0.4220	0.3418	0.2775	0.2257
23	0.7954	0.6342	0.5067	0.4057	0.3256	0.2618	0.2109
24	0.7876	0.6217	0.4919	0.3901	0.3101	0.2470	0.1971
25	0.7798	0.6095	0.4776	0.3751	0.2953	0.2330	0.1842
26	0.7720	0.5976	0.4637	0.3607	0.2812	0.2198	0.1722
27	0.7644	0.5859	0.4502	0.3468	0.2678	0.2074	0.1609
28	0.7568	0.5744	0.4371	0.3335	0.2551	0.1956	0.1504
29	0.7493	0.5631	0.4243	0.3207	0.2429	0.1846	0.1406
30	0.7419	0.5521	0.4120	0.3083	0.2314	0.1741	0.1314

8%	9%	10%	11%	12%	13%	14%	15%
0.9259	0.9174	0.9091	0.9009	0.8929	0.8850	0.8772	0.8696
0.8573	0.8417	0.8264	0.8116	0.7972	0.7831	0.7695	0.7561
0.7938	0.7722	0.7513	0.7312	0.7118	0.6931	0.6750	0.6575
0.7350	0.7084	0.6830	0.6587	0.6355	0.6133	0.5921	0.5718
0.6806	0.6499	0.6209	0.5935	0.5674	0.5428	0.5194	0.4972
0.6302	0.5963	0.5645	0.5346	0.5066	0.4803	0.4556	0.4323
0.5835	0.5470	0.5132	0.4817	0.4523	0.4251	0.3996	0.3759
0.5403	0.5019	0.4665	0.4339	0.4039	0.3762	0.3506	0.3269
0.5002	0.4604	0.4241	0.3909	0.3606	0.3329	0.3075	0.2843
0.4632	0.4224	0.3855	0.3522	0.3220	0.2946	0.2697	0.2472
0.4289	0.3875	0.3505	0.3173	0.2875	0.2607	0.2366	0.2149
0.3971	0.3555	0.3186	0.2858	0.2567	0.2307	0.2076	0.1869
0.3677	0.3262	0.2897	0.2575	0.2292	0.2042	0.1821	0.1625
0.3405	0.2992	0.2633	0.2320	0.2046	0.1807	0.1597	0.1413
0.3152	0.2745	0.2394	0.2090	0.1827	0.1599	0.1401	0.1229
0.2919	0.2519	0.2176	0.1883	0.1631	0.1415	0.1229	0.1069
0.2703	0.2311	0.1978	0.1696	0.1456	0.1252	0.1078	0.0929
0.2502	0.2120	0.1799	0.1528	0.1300	0.1108	0.0946	0.0808
0.2317	0.1945	0.1635	0.1377	0.1161	0.0981	0.0829	0.0703
0.2145	0.1784	0.1486	0.1240	0.1037	0.0868	0.0728	0.0611
0.1987	0.1637	0.1351	0.1117	0.0926	0.0768	0.0638	0.0531
0.1839	0.1502	0.1228	0.1007	0.0826	0.0680	0.0560	0.0462
0.1703	0.1378	0.1117	0.0907	0.0738	0.0601	0.0491	0.0402
0.1577	0.1264	0.1015	0.0817	0.0659	0.0532	0.0431	0.0349
0.1460	0.1160	0.0923	0.0736	0.0588	0.0471	0.0378	0.0304
0.1352	0.1064	0.0839	0.0663	0.0525	0.0417	0.0331	0.0264
0.1252	0.0976	0.0763	0.0597	0.0469	0.0369	0.0291	0.0230
0.1159	0.0895	0.0693	0.0538	0.0419	0.0326	0.0255	0.0200
0.1073	0.0822	0.0630	0.0485	0.0374	0.0289	0.0224	0.0174
0.0994	0.0754	0.0573	0.0437	0.0334	0.0256	0.0196	0.0151

終価係数表

n \ r	1%	2%	3%	4%	5%	6%	7%
1	1.0100	1.0200	1.0300	1.0400	1.0500	1.0600	1.0700
2	1.0201	1.0404	1.0609	1.0816	1.1025	1.1236	1.1449
3	1.0303	1.0612	1.0927	1.1249	1.1576	1.1910	1.2250
4	1.0406	1.0824	1.1255	1.1699	1.2155	1.2625	1.3108
5	1.0510	1.1041	1.1593	1.2167	1.2763	1.3382	1.4026
6	1.0615	1.1262	1.1941	1.2653	1.3401	1.4185	1.5007
7	1.0721	1.1487	1.2299	1.3159	1.4071	1.5036	1.6058
8	1.0829	1.1717	1.2668	1.3686	1.4775	1.5938	1.7182
9	1.0937	1.1951	1.3048	1.4233	1.5513	1.6895	1.8385
10	1.1046	1.2190	1.3439	1.4802	1.6289	1.7908	1.9672
11	1.1157	1.2434	1.3842	1.5395	1.7103	1.8983	2.1049
12	1.1268	1.2682	1.4258	1.6010	1.7959	2.0122	2.2522
13	1.1381	1.2936	1.4685	1.6651	1.8856	2.1329	2.4098
14	1.1495	1.3195	1.5126	1.7317	1.9799	2.2609	2.5785
15	1.1610	1.3459	1.5580	1.8009	2.0789	2.3966	2.7590
16	1.1726	1.3728	1.6047	1.8730	2.1829	2.5404	2.9522
17	1.1843	1.4002	1.6528	1.9479	2.2920	2.6928	3.1588
18	1.1961	1.4282	1.7024	2.0258	2.4066	2.8543	3.3799
19	1.2081	1.4568	1.7535	2.1068	2.5270	3.0256	3.6165
20	1.2202	1.4859	1.8061	2.1911	2.6533	3.2071	3.8697
21	1.2324	1.5157	1.8603	2.2788	2.7860	3.3996	4.1406
22	1.2447	1.5460	1.9161	2.3699	2.9253	3.6035	4.4304
23	1.2572	1.5769	1.9736	2.4647	3.0715	3.8197	4.7405
24	1.2697	1.6084	2.0328	2.5633	3.2251	4.0489	5.0724
25	1.2824	1.6406	2.0938	2.6658	3.3864	4.2919	5.4274
26	1.2953	1.6734	2.1566	2.7725	3.5557	4.5494	5.8074
27	1.3082	1.7069	2.2213	2.8834	3.7335	4.8223	6.2139
28	1.3213	1.7410	2.2879	2.9987	3.9201	5.1117	6.6488
29	1.3345	1.7758	2.3566	3.1187	4.1161	5.4184	7.1143
30	1.3478	1.8114	2.4273	3.2434	4.3219	5.7435	7.6123

8%	9%	10%	11%	12%	13%	14%	15%
1.0800	1.0900	1.1000	1.1100	1.1200	1.1300	1.1400	1.1500
1.1664	1.1881	1.2100	1.2321	1.2544	1.2769	1.2996	1.3225
1.2597	1.2950	1.3310	1.3676	1.4049	1.4429	1.4815	1.5209
1.3605	1.4116	1.4641	1.5181	1.5735	1.6305	1.6890	1.7490
1.4693	1.5386	1.6105	1.6851	1.7623	1.8424	1.9254	2.0114
1.5869	1.6771	1.7716	1.8704	1.9738	2.0820	2.1950	2.3131
1.7138	1.8280	1.9487	2.0762	2.2107	2.3526	2.5023	2.6600
1.8509	1.9926	2.1436	2.3045	2.4760	2.6584	2.8526	3.0590
1.9990	2.1719	2.3579	2.5580	2.7731	3.0040	3.2519	3.5179
2.1589	2.3674	2.5937	2.8394	3.1058	3.3946	3.7072	4.0456
2.3316	2.5804	2.8531	3.1518	3.4785	3.8359	4.2262	4.6524
2.5182	2.8127	3.1384	3.4985	3.8960	4.3345	4.8179	5.3503
2.7196	3.0658	3.4523	3.8833	4.3635	4.8980	5.4924	6.1528
2.9372	3.3417	3.7975	4.3104	4.8871	5.5348	6.2613	7.0757
3.1722	3.6425	4.1772	4.7846	5.4736	6.2543	7.1379	8.1371
3.4259	3.9703	4.5950	5.3109	6.1304	7.0673	8.1372	9.3576
3.7000	4.3276	5.0545	5.8951	6.8660	7.9861	9.2765	10.7613
3.9960	4.7171	5.5599	6.5436	7.6900	9.0243	10.5752	12.3755
4.3157	5.1417	6.1159	7.2633	8.6128	10.1974	12.0557	14.2318
4.6610	5.6044	6.7275	8.0623	9.6463	11.5231	13.7435	16.3665
5.0338	6.1088	7.4002	8.9492	10.8038	13.0211	15.6676	18.8215
5.4365	6.6586	8.1403	9.9336	12.1003	14.7138	17.8610	21.6447
5.8715	7.2579	8.9543	11.0263	13.5523	16.6266	20.3616	24.8915
6.3412	7.9111	9.8497	12.2392	15.1786	18.7881	23.2122	28.6252
6.8485	8.6231	10.8347	13.5855	17.0001	21.2305	26.4619	32.9190
7.3964	9.3992	11.9182	15.0799	19.0401	23.9905	30.1666	37.8568
7.9881	10.2451	13.1100	16.7386	21.3249	27.1093	34.3899	43.5353
8.6271	11.1671	14.4210	18.5799	23.8839	30.6335	39.2045	50.0656
9.3173	12.1722	15.8631	20.6237	26.7499	34.6158	44.6931	57.5755
10.0627	13.2677	17.4494	22.8923	29.9599	39.1159	50.9502	66.2118

年金現価係数表

n \ r	1%	2%	3%	4%	5%	6%	7%
1	0.9901	0.9804	0.9709	0.9615	0.9524	0.9434	0.9346
2	1.9704	1.9416	1.9135	1.8861	1.8594	1.8334	1.8080
3	2.9410	2.8839	2.8286	2.7751	2.7232	2.6730	2.6243
4	3.9020	3.8077	3.7171	3.6299	3.5460	3.4651	3.3872
5	4.8534	4.7135	4.5797	4.4518	4.3295	4.2124	4.1002
6	5.7955	5.6014	5.4172	5.2421	5.0757	4.9173	4.7665
7	6.7282	6.4720	6.2303	6.0021	5.7864	5.5824	5.3893
8	7.6517	7.3255	7.0197	6.7327	6.4632	6.2098	5.9713
9	8.5660	8.1622	7.7861	7.4353	7.1078	6.8017	6.5152
10	9.4713	8.9826	8.5302	8.1109	7.7217	7.3601	7.0236
11	10.3676	9.7868	9.2526	8.7605	8.3064	7.8869	7.4987
12	11.2551	10.5753	9.9540	9.3851	8.8633	8.3838	7.9427
13	12.1337	11.3484	10.6350	9.9856	9.3936	8.8527	8.3577
14	13.0037	12.1062	11.2961	10.5631	9.8986	9.2950	8.7455
15	13.8651	12.8493	11.9379	11.1184	10.3797	9.7122	9.1079
16	14.7179	13.5777	12.5611	11.6523	10.8378	10.1059	9.4466
17	15.5623	14.2919	13.1661	12.1657	11.2741	10.4773	9.7632
18	16.3983	14.9920	13.7535	12.6593	11.6896	10.8276	10.0591
19	17.2260	15.6785	14.3238	13.1339	12.0853	11.1581	10.3356
20	18.0456	16.3514	14.8775	13.5903	12.4622	11.4699	10.5940
21	18.8570	17.0112	15.4150	14.0292	12.8212	11.7641	10.8355
22	19.6604	17.6580	15.9369	14.4511	13.1630	12.0416	11.0612
23	20.4558	18.2922	16.4436	14.8568	13.4886	12.3034	11.2722
24	21.2434	18.9139	16.9355	15.2470	13.7986	12.5504	11.4693
25	22.0232	19.5235	17.4131	15.6221	14.0939	12.7834	11.6536
26	22.7952	20.1210	17.8768	15.9828	14.3752	13.0032	11.8258
27	23.5596	20.7069	18.3270	16.3296	14.6430	13.2105	11.9867
28	24.3164	21.2813	18.7641	16.6631	14.8981	13.4062	12.1371
29	25.0658	21.8444	19.1885	16.9837	15.1411	13.5907	12.2777
30	25.8077	22.3965	19.6004	17.2920	15.3725	13.7648	12.4090

8%	9%	10%	11%	12%	13%	14%	15%
0.9259	0.9174	0.9091	0.9009	0.8929	0.8850	0.8772	0.8696
1.7833	1.7591	1.7355	1.7125	1.6901	1.6681	1.6467	1.6257
2.5771	2.5313	2.4869	2.4437	2.4018	2.3612	2.3216	2.2832
3.3121	3.2397	3.1699	3.1024	3.0373	2.9745	2.9137	2.8550
3.9927	3.8897	3.7908	3.6959	3.6048	3.5172	3.4331	3.3522
4.6229	4.4859	4.3553	4.2305	4.1114	3.9975	3.8887	3.7845
5.2064	5.0330	4.8684	4.7122	4.5638	4.4226	4.2883	4.1604
5.7466	5.5348	5.3349	5.1461	4.9676	4.7988	4.6389	4.4873
6.2469	5.9952	5.7590	5.5370	5.3282	5.1317	4.9464	4.7716
6.7101	6.4177	6.1446	5.8892	5.6502	5.4262	5.2161	5.0188
7.1390	6.8052	6.4951	6.2065	5.9377	5.6869	5.4527	5.2337
7.5361	7.1607	6.8137	6.4924	6.1944	5.9176	5.6603	5.4206
7.9038	7.4869	7.1034	6.7499	6.4235	6.1218	5.8424	5.5831
8.2442	7.7862	7.3667	6.9819	6.6282	6.3025	6.0021	5.7245
8.5595	8.0607	7.6061	7.1909	6.8109	6.4624	6.1422	5.8474
8.8514	8.3126	7.8237	7.3792	6.9740	6.6039	6.2651	5.9542
9.1216	8.5436	8.0216	7.5488	7.1196	6.7291	6.3729	6.0472
9.3719	8.7556	8.2014	7.7016	7.2497	6.8399	6.4674	6.1280
9.6036	8.9501	8.3649	7.8393	7.3658	6.9380	6.5504	6.1982
9.8181	9.1285	8.5136	7.9633	7.4694	7.0248	6.6231	6.2593
10.0168	9.2922	8.6487	8.0751	7.5620	7.1016	6.6870	6.3125
10.2007	9.4424	8.7715	8.1757	7.6446	7.1695	6.7429	6.3587
10.3711	9.5802	8.8832	8.2664	7.7184	7.2297	6.7921	6.3988
10.5288	9.7066	8.9847	8.3481	7.7843	7.2829	6.8351	6.4338
10.6748	9.8226	9.0770	8.4217	7.8431	7.3300	6.8729	6.4641
10.8100	9.9290	9.1609	8.4881	7.8957	7.3717	6.9061	6.4906
10.9352	10.0266	9.2372	8.5478	7.9426	7.4086	6.9352	6.5135
11.0511	10.1161	9.3066	8.6016	7.9844	7.4412	6.9607	6.5335
11.1584	10.1983	9.3696	8.6501	8.0218	7.4701	6.9830	6.5509
11.2578	10.2737	9.4269	8.6938	8.0552	7.4957	7.0027	6.5660

年金終価係数表

n \ r	1%	2%	3%	4%	5%	6%	7%
1	1.0000	1.0000	1.0000	1.0000	1.0000	1.0000	1.0000
2	2.0100	2.0200	2.0300	2.0400	2.0500	2.0600	2.0700
3	3.0301	3.0604	3.0909	3.1216	3.1525	3.1836	3.2149
4	4.0604	4.1216	4.1836	4.2465	4.3101	4.3746	4.4399
5	5.1010	5.2040	5.3091	5.4163	5.5256	5.6371	5.7507
6	6.1520	6.3081	6.4684	6.6330	6.8019	6.9753	7.1533
7	7.2135	7.4343	7.6625	7.8983	8.1420	8.3938	8.6540
8	8.2857	8.5830	8.8923	9.2142	9.5491	9.8975	10.2598
9	9.3685	9.7546	10.1591	10.5828	11.0266	11.4913	11.9780
10	10.4622	10.9497	11.4639	12.0061	12.5779	13.1808	13.8164
11	11.5668	12.1687	12.8078	13.4864	14.2068	14.9716	15.7836
12	12.6825	13.4121	14.1920	15.0258	15.9171	16.8699	17.8885
13	13.8093	14.6803	15.6178	16.6268	17.7130	18.8821	20.1406
14	14.9474	15.9739	17.0863	18.2919	19.5986	21.0151	22.5505
15	16.0969	17.2934	18.5989	20.0236	21.5786	23.2760	25.1290
16	17.2579	18.6393	20.1569	21.8245	23.6575	25.6725	27.8881
17	18.4304	20.0121	21.7616	23.6975	25.8404	28.2129	30.8402
18	19.6147	21.4123	23.4144	25.6454	28.1324	30.9057	33.9990
19	20.8109	22.8406	25.1169	27.6712	30.5390	33.7600	37.3790
20	22.0190	24.2974	26.8704	29.7781	33.0660	36.7856	40.9955
21	23.2392	25.7833	28.6765	31.9692	35.7193	39.9927	44.8652
22	24.4716	27.2990	30.5368	34.2480	38.5052	43.3923	49.0057
23	25.7163	28.8450	32.4529	36.6179	41.4305	46.9958	53.4361
24	26.9735	30.4219	34.4265	39.0826	44.5020	50.8156	58.1767
25	28.2432	32.0303	36.4593	41.6459	47.7271	54.8645	63.2490
26	29.5256	33.6709	38.5530	44.3117	51.1135	59.1564	68.6765
27	30.8209	35.3443	40.7096	47.0842	54.6691	63.7058	74.4838
28	32.1291	37.0512	42.9309	49.9676	58.4026	68.5281	80.6977
29	33.4504	38.7922	45.2189	52.9663	62.3227	73.6398	87.3465
30	34.7849	40.5681	47.5754	56.0849	66.4388	79.0582	94.4608

8%	9%	10%	11%	12%	13%	14%	15%
1.0000	1.0000	1.0000	1.0000	1.0000	1.0000	1.0000	1.0000
2.0800	2.0900	2.1000	2.1100	2.1200	2.1300	2.1400	2.1500
3.2464	3.2781	3.3100	3.3421	3.3744	3.4069	3.4396	3.4725
4.5061	4.5731	4.6410	4.7097	4.7793	4.8498	4.9211	4.9934
5.8666	5.9847	6.1051	6.2278	6.3528	6.4803	6.6101	6.7424
7.3359	7.5233	7.7156	7.9129	8.1152	8.3227	8.5355	8.7537
8.9228	9.2004	9.4872	9.7833	10.0890	10.4047	10.7305	11.0668
10.6366	11.0285	11.4359	11.8594	12.2997	12.7573	13.2328	13.7268
12.4876	13.0210	13.5795	14.1640	14.7757	15.4157	16.0853	16.7858
14.4866	15.1929	15.9374	16.7220	17.5487	18.4197	19.3373	20.3037
16.6455	17.5603	18.5312	19.5614	20.6546	21.8143	23.0445	24.3493
18.9771	20.1407	21.3843	22.7132	24.1331	25.6502	27.2707	29.0017
21.4953	22.9534	24.5227	26.2116	28.0291	29.9847	32.0887	34.3519
24.2149	26.0192	27.9750	30.0949	32.3926	34.8827	37.5811	40.5047
27.1521	29.3609	31.7725	34.4054	37.2797	40.4175	43.8424	47.5804
30.3243	33.0034	35.9497	39.1899	42.7533	46.6717	50.9804	55.7175
33.7502	36.9737	40.5447	44.5008	48.8837	53.7391	59.1176	65.0751
37.4502	41.3013	45.5992	50.3959	55.7497	61.7251	68.3941	75.8364
41.4463	46.0185	51.1591	56.9395	63.4397	70.7494	78.9692	88.2118
45.7620	51.1601	57.2750	64.2028	72.0524	80.9468	91.0249	102.4436
50.4229	56.7645	64.0025	72.2651	81.6987	92.4699	104.7684	118.8101
55.4568	62.8733	71.4027	81.2143	92.5026	105.4910	120.4360	137.6316
60.8933	69.5319	79.5430	91.1479	104.6029	120.2048	138.2970	159.2764
66.7648	76.7898	88.4973	102.1742	118.1552	136.8315	158.6586	184.1678
73.1059	84.7009	98.3471	114.4133	133.3339	155.6196	181.8708	212.7930
79.9544	93.3240	109.1818	127.9988	150.3339	176.8501	208.3327	245.7120
87.3508	102.7231	121.0999	143.0786	169.3740	200.8406	238.4993	283.5688
95.3388	112.9682	134.2099	159.8173	190.6989	227.9499	272.8892	327.1041
103.9659	124.1354	148.6309	178.3972	214.5828	258.5834	312.0937	377.1697
113.2832	136.3075	164.4940	199.0209	241.3327	293.1992	356.7868	434.7451

索引

【アルファベット】

CAPM →資本資産評価モデル
D/E レシオ ………………………… 72, 84
EBIT →税引前営業利益
EBIT 倍率 ………………………………… 60
EBITDA 倍率 …………………………… 60
NOPAT →税引後営業利益
NPV →正味現在価値
WACC →加重平均資本コスト

【あ行】

安全資産 ………………………………… 178
アンレバード・ベータ ……………… 208
イールドカーブ ………………………… 28
イミュニゼーション ……………… 130, 134
売上原価 ………………………………… 53
売上高 …………………………………… 53
売掛債権 ………………………………… 53
永久年金 ………………………………… 8

【か行】

買掛債務 ………………………………… 55
回帰直線 ………………………………… 200
回帰分析 ………………………………… 200
回収率 …………………………………… 29
格付け …………………………………… 28
確率 …………………………………… 143
確率分布 ……………………………… 143
確率変数 ……………………………… 143
　—の加重和（一次結合）…………… 162
加重平均 ………… 46, 129, 133, 134, 145, 168, 200
加重平均資本コスト（WACC）…… 48, 72, 85
株式 ……………………………………… 33
株主 ……………………………………… 43
株主資本 ……………………………… 44, 69
株主資本コスト ………………… 45, 72, 74, 77
株主資本利益率 …………………… 39, 74
株主配分 ………………………………… 87
関数 ……………………………… 103, 113
企業価値 ………………………………… 43
　—の最大化 ……………………… 61, 82
企業買収 ……………………………… 43, 85

危険資産 ………………………………… 178
期待収益率 ……………………… 34, 166
期待値 ………………………………… 145
期待リターン …………………… 34, 166
共分散 ………………………………… 153
極限値 …………………………………… 97
極小値 ………………………………… 107
極大値 ………………………………… 107
金額デュレーション …………… 115, 132
均衡期待収益率 ……………………… 199
金利リスク …………………… 114, 130
継続価値 ………………………………… 57
現価係数 ………………………………… 5
減価償却費 ……………………………… 53
現在価値 ………………………………… 5
項 ………………………………………… 96
合成関数 …………………………… 110, 195
公比 ……………………………………… 96
効率的フロンティア ………… 178, 183
国債 ……………………………………… 21

【さ行】

債券 ……………………………… 21, 113
債権者 …………………………………… 43
債券ポートフォリオ ………………… 132
最終利回り ……………………………… 31
裁定取引 ………………………………… 90
再投資リスク ………………… 124, 130
財務的困難のコスト ………………… 80
財務リスク ……………………………… 91
財務レバレッジ ……………… 42, 60, 72
サステイナブル成長率 ……………… 39
産業ベータ …………………… 67, 208
ジェンセンのアルファ ……………… 205
ジェンセンの測度 …………………… 205
時価総額 ………………………………… 52
事業価値 …………………… 60, 67, 87
自社株買い ……………………………… 87
市場ポートフォリオ ………… 35, 191
市場リスクプレミアム …… 36, 192, 200
事前の収益率 ………………… 144, 149
資本構成 ………………………………… 69
　最適な— ……………………………… 82
資本コスト ……………………………… 45

索引　237

資本資産評価モデル（CAPM）………… 36, 197
資本市場線………………………………… 191, 197
資本提供者………………………………………… 43
社債………………………………………………… 28
ジャンク債………………………………………… 29
終価係数…………………………………………… 5
修正デュレーション………………………… 121, 132
周辺分布………………………………………… 150
種類株式………………………………………… 42
純現金収支……………………………………… 60
純資産………………………………………… 117
証券アナリスト……………………………… 43, 52
証券市場線…………………………………… 197
正味運転資本………………………………… 56, 63
正味現在価値（NPV）………………………… 63, 85
　　成長機会の—……………………………… 38
将来価値…………………………………………… 4
将来キャッシュフロー…………………………… 17
初項……………………………………………… 96
信用リスク……………………………………… 21
数列……………………………………………… 96
　　—の和……………………………………… 96
ストリップス債………………………………… 31
スポットレート………………………………… 25
　　—カーブ………………………… 27, 113, 134
正規分布………………………………………… 148
税引後営業利益（NOPAT）……………… 53, 60
税引前営業利益（EBIT）………………… 53, 60
節税効果…………………………………… 77, 81
接点ポートフォリオ………………………… 183, 190
設備投資………………………………………… 53, 61
ゼロ成長モデル
　　……………… 12, 18, 34, 37, 44, 49, 50, 73, 77, 98
相関係数…………………………… 154, 164, 171
損益計算書……………………………………… 52

【た行】

貸借対照表……………………………… 55, 56, 69
棚卸資産………………………………………… 55
超過収益率…………………………………… 203
定率成長モデル…………………… 12, 19, 37, 50, 98
デフォルト・リスク……………………………… 21
デフォルト確率………………………………… 29
デュレーション・ギャップ…………………… 139
導関数…………………………… 106, 115, 127, 195
投機的債券……………………………………… 29
倒産コスト……………………………………… 81
投資機会……………………………………… 167
同質的期待…………………………………… 190
投資適格債券…………………………………… 28
投資比率……………………………………… 168

同時分布……………………………………… 150
等比数列………………………………………… 96
トレードオフ理論……………………………… 82

【な行】

内部留保………………………………………… 37
内部留保率……………………………………… 38
年金……………………………………………… 6
年金現価係数………………………………… 7, 97
年金終価係数………………………………… 8, 97

【は行】

媒介変数…………………………………… 110, 195
配当……………………………………………… 33, 87
配当性向………………………………………… 38
パフォーマンス評価………………………… 205
販売費および一般管理費……………………… 53
非事業用資産………………………………… 60, 67
ビジネスリスク………………………………… 91
微分……………………………… 103, 106, 115, 127
微分係数…………………………… 106, 107, 115
標準偏差……………………………………… 147
表面利率…………………………………… 21, 114
負債……………………………………………… 44, 69
　　—のエージェンシーコスト……………… 91
負債コスト…………………………………… 45, 74
普通株式………………………………………… 33
フリーキャッシュフロー……………… 48, 52, 56, 61
分散…………………………………………… 147
分散投資の効果……………………………… 170, 173
分離定理……………………………………… 184
平均…………………………………………… 146
ベータ（β）……………………………………… 35
法人税………………………………………… 46, 70, 75
法人税がある場合のMMの第1命題……… 77, 81
法人税がある場合のMMの第2命題……… 78, 208
法人税がない場合のMMの第1命題………… 71
法人税がない場合のMMの第2命題………… 74
ポートフォリオ……………………………… 167
ポートフォリオ理論………………………… 159

【ま行】

マコーレーのデュレーション……………… 128, 133
無リスク利子率……………………………… 36, 178

【や行】

約定利り………………………………………… 29
優先株…………………………………………… 42

有利子負債·· 59
要求収益率·· 17
予測期間·· 57

【ら行】

リスク·· 166
リスク・リターン平面············· 166, 169, 175
リスク回避的······························ 186, 190
リスクプレミアム······························ 36, 191
利付国債······························ 22, 114, 125
利付債·· 21
利回り·· 27, 113

利回り価格曲線·· 114
利回り曲線·· 28
利回りスプレッド··· 29
流動資産·· 56
流動負債·· 56
レバード・ベータ······································ 208

【わ行】

割引国債·· 22, 130
割引債·· 21
割引率·· 17

[著者]

手嶋宣之（てしま・のぶゆき）

専修大学商学部教授。
1961年愛知県生まれ。1985年東京大学法学部卒業。1993年マサチューセッツ工科大学スローン経営大学院修了。2001年横浜市立大学大学院経営学研究科博士後期課程修了，経営学博士。東京銀行，NEC総研，専修大学商学部専任講師・准教授を経て，2009年4月より現職。平成21〜28年公認会計士試験試験委員。
主要著作は『経営者のオーナーシップとコーポレート・ガバナンス−ファイナンス理論による実証的アプローチ−』（白桃書房，2004年），『ビジネス統計学』（共訳，ダイヤモンド社，2007年），"Managerial Ownership and Earnings Management: Theory and Empirical Evidence from Japan," *Journal of International Financial Management and Accounting*, 19(2), 2008（共著）等。

基本から本格的に学ぶ人のための
ファイナンス入門
――理論のエッセンスを正確に理解する

2011年7月7日　　第1刷発行
2022年4月12日　　第6刷発行

著　者───手嶋　宣之
発行所───ダイヤモンド社
　　　　　〒150-8304　東京都渋谷区神宮前 6-12-17
　　　　　https://www.diamond.co.jp/
　　　　　電話／03・5778・7233（編集）03・5778・7240（販売）
装　丁───竹内雄二
製作進行──ダイヤモンド・グラフィック社
印　刷───八光印刷（本文）・加藤文明社（カバー）
製　本───ブックアート
編集担当──岩佐文夫

© 2011 Nobuyuki Teshima
ISBN 978-4-478-01630-5

落丁・乱丁本はお手数ですが小社営業局宛にお送りください。送料小社負担にてお取替えいたします。但し，古書店で購入されたものについてはお取替えできません。
無断転載・複製を禁ず
Printed in Japan

◆ダイヤモンド社の本◆

MBA定番の統計学の教科書、初の翻訳

豊富な演習問題と事例で、ビジネスに必要な統計学を網羅。
ファイナンスを理解するために欠かせない一冊。

ビジネス統計学【上】【下】

アミール・D・アクゼル＋ジャヤベル・ソウンデルパンディアン［著］
鈴木一功［監訳］手嶋宣之＋原郁＋原田喜美枝［訳］

●A5判上製●定価(本体4200円＋税)（上下巻とも）

http://www.diamond.co.jp/